AF192814

Mejora de gestión de *stocks* y beneficios en el comercio. COML016PO

Judith Abeleira Carrasco

ic editorial

Mejora de gestión de *stocks* y beneficios en el comercio. COML016PO
© Judith Abeleira Carrasco

1ª Edición

© IC Editorial, 2025

Editado por: IC Editorial
c/ Cueva de Viera, 2, Local 3
Centro Negocios CADI
29200 Antequera (Málaga)
Teléfono: 952 70 60 04
Fax: 952 84 55 03
Correo electrónico: iceditorial@iceditorial.com
Internet: www.iceditorial.com

ISBN: 979-13-7027-055-1
Depósito Legal: MA 1658-2025

Impresión: PODiPrint
Impreso en Andalucía – España

Nota de la editorial: IC Editorial pertenece a Innovación y Cualificación S. L.

Especialidad formativa

Se entiende por especialidad formativa la agrupación de contenidos, competencias profesionales y especificaciones técnicas que responde a un conjunto de actividades de trabajo enmarcadas en una fase del proceso de producción y con funciones afines.

Las especialidades formativas de Uso General, Formación Complementaria, Formación Modular y las especialidades formativas dirigidas a la obtención de certificados de profesionalidad se incluyen en el Fichero de Especialidades del Servicio Público de Empleo Estatal para su gestión en todo el territorio nacional por cualquier Administración competente.

Las especialidades complementarias, pertenecen todas a la Familia profesional de Formación Complementaria (FCO) y tienen la consideración de formación transversal en áreas que se consideran prioritarias tanto en el marco de la Estrategia Europea para el Empleo y del Sistema Nacional de Empleo como en las directrices establecidas por la Unión Europea. Se consideran áreas prioritarias las relativas a tecnologías de la información y la comunicación, la prevención de riesgos laborales, la sensibilización en medio ambiente, la promoción de la igualdad, la orientación profesional y aquellas otras que se establezcan por la Administración competente.

Las especialidades de Certificado de profesionalidad tienen una duración especificada en su normativa reguladora.

En el resultado de la búsqueda, se muestran las unidades de competencia, todos los módulos formativos con su duración y las unidades formativas del certificado correspondiente, con su duración. Las horas del certificado, exclusivo de las especialidades de certificado de profesionalidad, con alta igual o superior a 2008, son las horas totales más las horas del módulo de Prácticas Profesionales no Laborales.

- ➲ **Si la especialidad tiene unidades formativas,** las horas totales, presencial, distancia, teleformación serán igual a la suma de esas horas de las unidades formativas de los distintos módulos, sin que se repita ninguna Unidad formativa.

➲ **Si la especialidad no tiene unidades formativas,** las horas totales, presencial, distancia, teleformación serán igual a las sumas de esas horas de los módulos formativos, eliminando las horas de los módulos repetidos.

https://sede.sepe.gob.es/especialidadesformativas/RXBuscadorEFRED/BusquedaEspecialidades.do

(Fuente: Servicio Público de Empleo Estatal)

Índice

Unidad de aprendizaje 4
Optimización de la gestión de *stock*

Unidad de aprendizaje 5
Stock y tecnología

OBJETIVOS GENERALES

Los objetivos generales del **COML016PO. Mejora de gestión de *stocks* y beneficios en el comercio,** son:

- ⊃ Mejorar la gestión del *stock* de un comercio, concienciando sobre la influencia del *stock* en los beneficios del comercio y utilizando modelos digitales para la gestión de *stock.*
- ⊃ Diseñar el *stock* de acuerdo a los criterios, necesidades y niveles de actividad previstos.
- ⊃ Reconocer la importancia que ejerce la gestión de las mercancías en los beneficios del comercio.
- ⊃ Reconocer los gastos y costes de la gestión de *stock* para tomar decisiones respecto a los mismos.
- ⊃ Optimizar la gestión del almacén mediante la herramienta de un reaprovisionamiento adecuado.
- ⊃ Relacionar la importancia del uso de la tecnología con la gestión del *stock.*

El diseño del *stock*

Contenido

Objetivos

El objetivo general de esta Unidad de Aprendizaje es:

→ Diseñar el *stock* de acuerdo a los criterios, necesidades y niveles de actividad previstos.

Los objetivos específicos de esta Unidad de Aprendizaje son:

→ Analizar métodos y técnicas de optimización de espacio y tiempos en la organización de *stock*.

→ Especificar los parámetros, variables y criterios que se aplican de forma genérica en el diseño estructural y funcional de un almacén en función de distintos criterios.

→ Identificar los problemas habituales en las relaciones comerciales con los proveedores.

→ Justificar las necesidades propias de un almacén.

→ Diferenciar la importancia y la variedad de la agrupación del *stock* por familias.

→ Establecer las diferencias entre los distintos tipos de establecimientos según *stocks*.

→ Evaluar el *stock* diseñado.

1. Introducción

El *stock* o mercaderías no ha sido considerado importante durante mucho tiempo, pues se tomaban como simples mercaderías que se compraban para ser vendidas y estaban custodiadas un tiempo corto en el almacén.

En el caso de las empresas mayoristas y distribuidores (intermediarios), se añadía la circunstancia de que, al no tratarse de una venta directa al público, se le restaba la importancia al *stock* o producto.

Actualmente, el consumo por parte de la sociedad va en aumento, es más global y se hace imprescindible el almacenamiento y distribución de las mercaderías.

El almacén recupera su verdadera importancia a la hora de ser planificado, diseñado, organizado y gestionado.

El análisis del *stock*, cómo se debe ubicar dentro del almacén para su próspero funcionamiento, cómo organizarlo para luego exponerlo en el punto de venta y registrarlo de manera informatizada, hace que el almacén y el *stock* deban ser diseñados antes de comenzar dicha actividad mercantil.

Para focalizarnos en el diseño del *stock*, vamos a centrarnos en el caso de Calzados Pisasuelos S. L., una zapatería minorista que vende todo tipo de calzado de vestir infantil y de adulto, tanto en una nave que posee a las afueras de una ciudad como vía internet a través de su página web <www.pisasuelos.com>.

2. El diseño del *stock*

 HILO CONDUCTOR

Calzados Pisasuelos S. L. lleva quince años en el mercado. Ha remodelado la nave donde vende su producto al público y desea remodelar el almacén aprovechando que ha realizado una inversión económica importante. Parte de esta inversión ha sido la compra de unos equipos informáticos y un sistema de gestión de almacenamiento, por lo que es el momento de diseñar el nuevo almacén.

Seguramente, en alguna ocasión que hayas ido a una tienda, habrás vivido la situación de que el artículo en el que estás interesado no es del color que deseas o de la talla que utilizas. Entonces, procedes a preguntar al dependiente si disponen de ese artículo en un color o una talla concretos. Es posible que el dependiente te haya contestado algo parecido a "Voy a comprobar en el ordenador a ver si lo tenemos en *stock*". Es parecido a decir que va a mirar si lo tienen en el almacén. Entonces, ¿es lo mismo *stock* que almacén? Podemos decir que *stock* es el contenido y almacén, el continente.

 **DEFINICIÓN**

Stock

Es una palabra proveniente del inglés. Significa mercaderías, existencias o suministros. Por lo tanto, el *stock* es el conjunto de mercaderías, existencias o suministros que se almacenan en una empresa para ser vendidos posteriormente.

La venta del *stock* puede ser:

> Previa transformación de materias primas en productos terminados.

> Previo ensamblaje de piezas en productos terminados.

> Directamente sin transformación ni ensamblaje en producto original.

El principal objetivo de una empresa es el de aumentar sus ventas para conseguir el mayor beneficio posible. Una vez iniciada la actividad empresarial, la compañía debe tener controlado en todo momento cuál es su situación económica y financiera para conocer si está obteniendo beneficios o pérdidas.

El Plan General de Contabilidad (PGC) es un plan que está regulado y en el que se disponen unas normas a seguir por las empresas, para hacer una "foto" de la situación económica y financiera de las mismas, en cualquier momento de su actividad empresarial, para contar a terceros cuál es dicha situación.

La contabilidad distingue tres masas patrimoniales o conjuntos de elementos patrimoniales con características comunes. Estas tres masas son:

- **Activo o masa positiva:** es el conjunto de bienes y derechos que posee la empresa.
- **Pasivo o masa negativa:** es el conjunto de obligaciones que tiene la empresa con terceros.
- **Patrimonio neto:** es la diferencia entre el activo y el pasivo. Si la masa positiva es mayor que la negativa, hablamos de beneficios, si es al contrario, hablamos de pérdidas.

El *stock*, mercaderías o existencias que posee la empresa en su almacén se consideran masa positiva o activo de la empresa, ya que son bienes que la compañía posee.

El PGC establece qué son las cuentas anuales y qué información deben aportar, los principios contables y los criterios que se deben seguir para registrar y valorar los distintos elementos patrimoniales, así como los principios y normas generalmente aceptados en contabilidad.

En el **Plan General de Contabilidad** establecido en el Real Decreto 1514/2007, de 16 de noviembre, en el **grupo 3** de nivel 1 denominado *Existencias* diferencia entre los siguientes subgrupos de nivel 2:

- **30. Comerciales o mercaderías:** este subgrupo contable se refiere a artículos, productos o bienes que una empresa va a vender sin realizar ningún proceso previo de transformación. En general, la empresa compra un producto a precio de coste y lo vende añadiendo el beneficio que quiere obtener de la venta de dicho artículo.
- **31. Materias primas:** son toda aquella materia que se compra para ser utilizada en el proceso de fabricación o transformación para obtener un producto final.
- **32. Otros aprovisionamientos:** son un conjunto de elementos que se compran para ser utilizados en la actividad natural y propia de la empresa.
- **33. Productos en curso:** son los productos que se encuentran en fase de fabricación o transformación. No se suelen almacenar, porque, realmente, o se almacenan las materias primas o los productos terminados, pero contablemente, al cierre de los ejercicios anuales, una empresa que se dedica a la fabricación y transformación de productos sí debe justificar dónde se encuentran los mismos dentro del período de actividad de la empresa.
- **34. Productos semiterminados:** son aquellos productos que se han fabricado o transformado pero todavía no se han finalizado, ya que dependen de uno o varios pasos posteriores y, por lo tanto, no están destinados todavía a la venta.

- **35. Productos terminados:** son aquellos que se obtienen después de finalizar todo el proceso de fabricación o transformación. Son destinados a la venta, bien para el consumidor final o para otra empresa intermediaria.
- **36. Subproductos, residuos y materiales recuperados:** los subproductos son aquellos productos secundarios que se derivan de la fabricación del producto principal. Los residuos son aquellos materiales que se derivan de la fabricación del producto principal o subproductos, que tienen valor por sí mismos y se pueden utilizar y, por consiguiente, vender. Los materiales recuperados se obtienen del proceso de fabricación o transformación y se pueden volver a utilizar en el siguiente proceso.

Troncos de madera, como ejemplo de materia prima, que serán transformados en productos terminados como muebles.

A su vez, en el subgrupo 32 denominado **Otros aprovisionamientos,** el Plan General de Contabilidad diferencia los siguientes subgrupos de nivel 3:

- **320. Elementos y conjuntos incorporables:** son elementos que compra una empresa para incorporarlos en el proceso de fabricación o transformación de un producto como actividad propia de la empresa. Estos elementos no sufren ninguna transformación, solo son incorporados en el proceso.
- **321. Combustibles:** son todas aquellas materias energéticas que se pueden almacenar.
- **322. Repuestos:** son aquellas piezas que se pueden montar en maquinaria, equipos o instalaciones que se utilizan para poder realizar el proceso de fabricación o transformación.
- **325. Materiales diversos:** otros materiales de consumo que no se incorporan en el proceso de fabricación o transformación.
- **326. Embalajes:** el embalaje es el conjunto de envolturas que se destinan a cubrir los productos que deben ser transportados.

⮑ **327. Envases:** es la cobertura directa del producto. Es decir, dentro del envase va el producto o el producto es el contenido del envase.

⮑ **328. Material de oficina:** son aquellos materiales destinados a este fin, salvo en aquellas empresas donde determinan que este material se consume antes de finalizar el ejercicio contable.

APLICACIÓN PRÁCTICA

Una empresa fabrica muebles y vende elementos de decoración para el hogar. Algunos productos son de fabricación propia pero otros los adquiere ya hechos a un proveedor. ¿Sabrías indicar a qué subgrupo contable pertenece cada mercancía?

a. Tablones de madera
b. Barnices
c. Cerraduras
d. Muebles terminados sin pintar
e. Muebles terminados pintados y barnizados
f. Perfiles de aluminio para remates de puertas
g. Muebles del proveedor Mueblasa
h. Muebles del proveedor Mobiliasa
i. Muebles del proveedor Furniture
j. Serrín para aglomerados

Solución

30. Comerciales o mercaderías. Este subgrupo contable se refiere a artículos, productos o bienes que una empresa va a vender sin realizar ningún proceso previo de transformación. En general, la empresa compra un producto a precio de coste y lo vende añadiendo el beneficio que quiere obtener de la venta de dicho artículo. Es el caso de las opciones *g, h* e *i.* La empresa compra muebles a los proveedores Mueblasa, Mobiliasa y Furniture para luego venderlos a un precio mayor que su coste.

31. Materias primas. Es toda aquella materia que se compra para ser utilizada en el proceso de fabricación o transformación para obtener un producto final. Es el caso de las opciones *a, b* y *f.* Los tablones de madera, los barnices y los perfiles de aluminio son materiales que se van a utilizar para fabricar los muebles.

32. Otros aprovisionamientos. Son un conjunto de elementos que se compran para ser utilizados en la actividad natural y propia de la empresa. Es el caso

Continúa en página siguiente >>

<< Viene de página anterior

de la opción c. Las cerraduras se compran completas para incorporarlas como un elemento más en los muebles.

33. Productos en curso. Son los productos que se encuentran en fase de fabricación o transformación. No se suelen almacenar porque, realmente, o se almacenan las materias primas o los productos terminados, pero contablemente, al cierre de los ejercicios anuales, una empresa que se dedica a la fabricación y transformación de productos sí debe justificar dónde se encuentran los mismos dentro del período de actividad de la empresa. En este caso ninguna de las opciones se ajusta a este grupo.

34. Productos semiterminados. Son aquellos productos que se han fabricado o transformado pero todavía no se han finalizado, ya que dependen de uno o varios pasos posteriores y, por lo tanto, no están destinados todavía a la venta. Es el caso de la opción d, en la que los muebles están pendientes de ser pintados y/o barnizados.

35. Productos terminados. Son aquellos que se obtienen después de finalizar todo el proceso de fabricación o transformación. Son destinados a la venta, bien para el consumidor final o para otra empresa intermediaria. Es el caso de la opción e, en la que los muebles están pintados y barnizados, listos para vender.

36. Subproductos, residuos y materiales recuperados. Los subproductos son aquellos productos secundarios que se derivan de la fabricación del producto principal. Los residuos son aquellos materiales que se derivan de la fabricación del producto principal o subproductos, que tienen valor por sí mismos y se pueden utilizar y, por consiguiente, vender. Los materiales recuperados se obtienen del proceso de fabricación o transformación y se pueden volver a utilizar en el siguiente proceso. En el caso de la opción j, en concreto, es un residuo que se puede reutilizar como materia prima para la fabricación de aglomerados, bien por la misma fábrica o bien para venderlo a terceros para su fabricación.

Con esta diferenciación de los tipos de mercancías que establece el Plan General de Contabilidad, identificamos los diferentes tipos de mercancías que podemos encontrar, dependiendo de si la empresa se dedica a la transformación, fabricación o almacenaje para la posterior venta de productos.

Sin embargo, todos estos materiales no se guardan en un almacén a granel ni de manera caótica. Al contrario, **un almacén debe estar diseñado con la finalidad de ofrecer un perfecto funcionamiento.**

Para ello, el **stock** se debe guardar de manera organizada, teniendo en cuenta las diversas funciones intrínsecas que tiene un almacén y unas condiciones generales que se deben respetar.

SABÍAS QUE...

El término **layout** también procede del inglés y significa disponer, ordenar o exponer. Por tanto, podemos definir el *layout* como la disposición, colocación u organización del *stock* para una localización y operativa óptimas del mismo.

El **almacén** es el lugar donde se guarda y se custodia el *stock*. Se puede presentar de distintas formas según sea la actividad de la empresa. Por ejemplo, en el sector agroalimentario se puede denominar cobertizo o granero, en el sector industrial se los denomina nave, en las actividades de limpieza, como la limpieza de pisos en un hotel, se denomina *office* o cuarto, en las actividades de alimentación en frío se los denomina cámaras, en los restaurantes y similares se los llama economato, en tiendas comerciales los podemos encontrar como bazar, y en el caso de la actividad armamentística, los denominamos arsenales y armerías. Estos son algunos ejemplos. Sin embargo, nosotros nos vamos a referir al concepto almacén, en general, a lo largo del texto.

Un **almacén** tiene diferentes **funciones** y, en base a ello, se definirán las diferentes áreas del mismo:

Recibir la mercancía
- Es la función de admitir la mercancía. Desde grandes cantidades que nos llegan en barco, trenes o camiones hasta un pequeño paquete que nos llega por empresas de transporte, paquetería o correo.

Registrar las entradas y salidas de *stock* en el almacén
- Esta función consiste en comprobar que la mercancía que entra y sale se corresponde con los albaranes y/o facturas de compras y ventas.

Continúa en página siguiente >>

<< Viene de página anterior

Almacenar y conservar el *stock*
- Es la función de guardar y custodiar el *stock* en el mismo estado en que se ha recibido. Si se ha recibido en buen estado, se empleará para la finalidad con la que fue adquirido. Si se ha recibido en mal estado o en condiciones no pactadas, se devolverá al proveedor o se renegociarán las condiciones de compraventa.

Preparar los pedidos
- Esta función consiste en adecuar la cantidad y calidad de los artículos demandados por un cliente (consumidor final o empresa) para hacérselos llegar en los plazos y formas pactados.

Controlar y gestionar el *stock*
- Es la función de comprobar y vigilar que no existen descuadres entre las entradas y salidas de *stock* a nivel contable y a nivel de facturación.

Como hemos indicado, en base a las funciones que debe llevar a cabo cada almacén, este se debe distribuir en las siguientes **áreas:**

- **Zona de recepción:** esta zona debe estar ubicada cerca de los muelles o de la zona donde descarguen los vehículos de transporte (camiones, furgonetas, etc.). En esta zona se realiza la identificación de las mercancías recibidas con la documentación acreditativa de las mercancías esperadas, como son las hojas de pedidos por parte de la empresa receptora y los albaranes de entrega por parte de la empresa remitente de la mercancía. Aquí, también se identifican los productos para colocarlos posteriormente en el sitio adecuado en el almacén. En algunos casos, la mercancía debe ser manipulada o correctamente embalada para su ubicación en el almacén.
- **Zona de almacenamiento:** es el almacén, propiamente dicho. La zona donde se depositan las mercancías para ser guardadas y custodiadas durante el tiempo preciso. Es importante que esté bien organizado para la fácil localización de los productos, que se pueda acceder a ellos con facilidad y que sea operativo durante la actividad que realiza la empresa.
- **Zona de preparación de pedidos o *picking:*** la palabra *picking* procede del inglés y significa coger, escoger, recoger y elegir. En esta zona es donde se reubican los diferentes artículos o mercancías, procedentes de la zona de almacenamiento, para componer el pedido que saldrá del almacén a su destino. Aquí se embala, se etiqueta y se empaqueta el pedido.

- **Zona de salida y verificación:** en esta zona se comprueba que el pedido que se ha compuesto o empaquetado coincide con las solicitudes o pedidos de los clientes (empresas o individuos). Una vez comprobado *in situ* que el pedido es correcto, se procederá a su envío.
- **Zona de control y gestión de *stocks:*** esta zona suele ser una zona de despachos u oficinas. Es importante diferenciar las entradas de las salidas en el almacén. Por lo que puede haber un despacho o mostrador que controle y gestione las entradas y otro despacho o mostrador que controle y gestione las salidas, o uno que controle ambas. Sea como sea, la diferencia entre las entradas y las salidas tiene que dar como resultado lo que está en el almacén. Para esto, es importante realizar inventario de forma periódica, es decir, mensual, trimestral, semestral o anualmente, dependiendo de la actividad de la empresa y del movimiento o rotación que se tenga en el almacén.
- **Zona de tránsito y maniobra:** estas zonas son las zonas de acceso para vehículos de transporte, sobre todo para acceder a la zona de recepción de mercancías, zonas peatonales por donde caminan los trabajadores, clientes o proveedores y amplios pasillos donde la maquinaria, como las carretillas elevadoras, puedan acceder con las mercancías para depositarlas en sus ubicaciones. Si hablamos de mercancías voluminosas, los pasillos deben ser muy amplios para que se pueda operar a través de ellos.
- **Zonas auxiliares:** son zonas que, aunque no son propias o específicas del almacén, sí favorecen su buen funcionamiento. Normalmente son áreas destinadas al personal, como pueden ser aseos, vestuarios, zonas de descanso, otros despachos u oficinas, etc.

Pasillo o zona de tránsito de trabajadores en un almacén.

NOTA

Existen programas informáticos o sistemas de gestión de almacén que permiten diseñar un plano de las zonas del almacén para saber dónde está ubicada cada mercancía y que así sea más fácil su localización. Esto ahorra mucho tiempo a la hora de buscar la ubicación de un artículo que no suele ser muy demandado y no tiene mucha rotación usualmente.

Por último, vamos a conocer las **condiciones generales** que debe mantener un buen **almacén** para la gestión óptima del *stock*:

- **Ubicación:** es el lugar donde está situado el almacén. Debe cumplir con las siguientes condiciones:

  - Acceso fácil.
  - Situación contigua a la zona de recepción de *stock*.
  - Buena comunicación con punto de venta.

- **Acceso fácil:** el acceso debe ser fácil para todas las personas que deben entrar o trabajar en el almacén. Lo idóneo es que esté al mismo nivel que la zona de ventas, por ejemplo, en empresas que cuentan con ella. En caso de estar en distinto nivel, lo adecuado es que cuenten con ascensores montacargas o rampas que faciliten el acceso. Por ejemplo, imagina un bar cuyo almacén está en un sótano con escaleras. Sería muy complicado para el proveedor de bebidas bajar las cajas de refrescos cuando entrega el envío, y sería complicado para los camareros subir dichas cajas de bebidas para reponer las cámaras o arcones frigoríficos. En este caso, que la empresa dispone de almacén y zona de ventas (el bar en sí), es lógico pensar que ambas zonas estén en el mismo nivel.

- **Situación contigua a la zona de recepción de *stock*:** el almacén debe estar situado lo más cerca posible de la puerta o acceso donde se recibe el *stock* para que quien lo entrega no tenga que atravesar una amplia superficie para depositar la mercancía. Siguiendo con el ejemplo del bar, sería conveniente que además de estar al mismo nivel, el almacén contase con un acceso directo para los proveedores, repartidores o transportistas. De no ser posible este acceso, es conveniente que esté lo más cerca posible de la entrada para que los repartidores no tengan que atravesar todo el bar con la mercancía.

- **Buena comunicación con punto de venta:** en caso de que la empresa cuente con un punto de venta o exposición, es conveniente que el almacén esté cerca del mismo. En el ejemplo del bar, imaginemos que el almacén y el bar están al mismo nivel, y que el almacén cuenta con un acceso directo a la calle por donde entran los proveedores. Sin embargo, entre el almacén y el bar se encuentra un patio vecinal que deben cruzar los camareros cada vez que van al almacén a por una caja de bebidas. Esto resultaría poco práctico porque el esfuerzo que realiza el personal y el tiempo de desplazamientos es mayor.

Las condiciones generales relativas a la ubicación hacen referencia a la localización del almacén. En concreto, a los accesos al mismo, a la situación del almacén con respecto a la zona de recepción de las mercancías y a la comunicación con el punto de venta.

En general, los accesos deben ser fáciles, cómodos y bien indicados para los medios de transporte; el almacén debe estar ubicado lo más próximo a la zona donde se recibe la mercancía y en el caso de que la empresa cuente, además, con punto de venta, el almacén debería estar próximo al mismo.

 EJEMPLO

En los polígonos industriales, las calles suelen ser anchas para que puedan maniobrar y circular sin problema el tránsito de camiones grandes. Principalmente en horas punta de entrega y/o recogida de mercancías, cuando pueden coincidir a la vez varios vehículos de estas dimensiones.

- -

Las condiciones generales relativas a la construcción y mobiliario hacen referencia al edificio, nave o lugar físico donde va a estar destinado el almacén. En este caso, se refiere a:

- **Construcción y mobiliario:** se refiere a la estructura arquitectónica del almacén y al mobiliario con el que debe contar.
- **Accesos y puertas:** las puertas de entrada y los accesos deben ser acordes al tipo de almacén. Por ejemplo, una puerta de tamaño normal es suficiente para una agencia de viajes que solo recibe cajas de folletos en papel que le son entregadas por un repartidor que porta una carretilla. Al mismo tiempo, el acceso para llegar a esa puerta será el normal de cualquier calle asfaltada y con aceras. Sin embargo, un hipermercado que recibe grandes cantidades de mercancías, incluso voluminosas, deberá tener acceso para camiones o vehículos de grandes dimensiones, así como puertas grandes para que estos puedan entrar en el almacén, incluso. Muchas ciudades tienen restringido el tráfico de la circulación

vial a vehículos de grandes dimensiones, en parte, debido a la estrechez de sus calles, entre otros motivos, como los medioambientales. Es por este motivo por lo que un gran porcentaje de almacenes se encuentran en las afueras de las ciudades, en los polígonos industriales, y no en el centro del municipio o cascos históricos.

- ⮞ **Materiales de construcción correctos:** dependiendo del tipo de mercancías que se guarden, es necesario que el almacén esté construido con materiales adecuados, como pueden ser materiales ignífugos en caso de mercancías inflamables. La estructura del edifico debe ofrecer seguridad para las personas que trabajan allí. A veces, se piensa que por tratarse de un almacén que no vende al consumidor final no es necesario mantener las instalaciones de manera debida. Además de las vías de evacuación y salida que están regladas en la normativa de Prevención de Riesgos Laborales, si la mercancía almacenada es inflamable, explosiva, química o que entrañe algún otro riesgo peligroso para los trabajadores, es conveniente aumentar el número, así como facilitar el acceso a dichas vías de evacuación y salida. La estructura deberá cumplir con los requisitos mínimos contemplados en la vigente normativa de protección contra incendios (si los incrementa, mejor), así como tener una instalación eléctrica en perfecto estado.

- ⮞ **Capacidad acorde a la actividad de almacenaje:** un almacén conlleva un coste de construcción así como de mantenimiento a lo largo de la vida empresarial. Por esta razón, es aconsejable que el almacén tenga un tamaño adecuado a la actividad para la que está dedicado, esto es, para el tipo de mercancías que almacena, así como la rotación que se les da a las mismas. No se debe confundir la capacidad o amplitud de la zona de ventas o exposición con la del almacén. Se puede dar el caso de que una empresa tenga una zona de ventas pequeña, pero, sin embargo, tenga un almacén más grande porque venda mucho producto. Por ejemplo, una bodega. Es posible que cuente con una zona de exposición donde muestre todas las botellas de los vinos que venden, pero la gran mayoría del producto la tienen guardada en la zona de almacén.

- ⮞ **Estanterías, cajones, compartimentos, etc.:** el almacén debe estar dotado de mobiliario práctico que facilite la organización, búsqueda y localización de las mercancías. Si las mercancías son muy grandes, las estanterías grandes son las más adecuadas para ubicarlas, por ejemplo, el almacén de un hipermercado. Si, por el contrario, las mercancías son muy pequeñas, quizás los cajones, incluso cajones compartimentados, sean los más adecuados, como en el caso de farmacias y ferreterías, por ejemplo.

 **EJEMPLO**

Es habitual que los accesos de vehículos al almacén suelan ser portones grandes para permitir el paso de camiones y furgonetas.

 **NOTA**

Los almacenes donde se guardan materiales inflamables y/o explosivos están construidos con materiales ignífugos que son más resistentes al calor y al fuego.

Las condiciones generales relativas a los factores ambientales son las relacionadas con las características del entorno o atmósfera del almacén, como son la ventilación, el nivel de humedad, la iluminación y la temperatura. Debido a que existe una gran variedad de mercancías, estas deben estar protegidas en un almacén con esas características adecuadas para que el *stock* no se estropee:

- **Ventilación:** la ventilación debe ser adecuada según las mercancías a custodiar. Si las mercaderías son de tipo químico, como lejías, amoniacos, detergentes, etc., se podrían acumular gases ácidos o alcalinos, por lo que se hace necesaria una correcta ventilación del lugar. Una correcta ventilación previene también la acumulación de temperatura extrema cálida por la entrada de radiación solar a través de cristales y ventanales, malos olores o la ya citada acumulación de gases. Se deben evitar, aun así, las corrientes de aire que pueden estropear la mercancía y repercutir de manera negativa en la salud de los trabajadores.
- **Grado de humedad:** el grado de humedad que debe contar el almacén debe ser el óptimo en cuanto a la mercancía que albergue. Se deben evitar las humedades excesivas, ya que además de causar problemas en paredes y techos, en algunos casos extremos, el agua se condensa deslizándose por las paredes pudiendo llegar a interruptores o enchufes de la red eléctrica causando daños mayores, o puede gotear agua desde el techo formando charcos en el suelo, pudiendo hacer que un trabajador resbale con su temible consecuencia para el trabajador y para la empresa. El exceso de humedad puede dañar la mercancía almacenada, por ejemplo, si se trata de celulosa.
- **Iluminación adecuada:** la iluminación del almacén debe ser uniforme, sin que haya zonas oscuras o con exceso de luminosidad. Dependerá

del tipo de mercancías. Es posible que en un vivero donde se almacenan plantas, unas necesiten mucha luz natural para su óptimo desarrollo, mientras que otras necesiten sombra. En este caso, el vivero deberá disponer de zonas con mayor y menor luminosidad para albergar cada tipo de planta en su área correcta. La iluminación tiene que ser la apropiada para la exigencia de las diferentes tareas que se desempeñen: lectura de carteles o etiquetas sobre la organización de materiales, lectura de etiquetas de productos y paquetes, instrucciones de uso de maquinaria, herramientas y utensilios, etc. Una adecuada iluminación previene a los trabajadores de ciertas enfermedades, como la pérdida de agudeza visual, frecuentes dolores de cabeza, cansancio, fatiga, etc.

⮑ **Temperatura apropiada:** la temperatura de un almacén debe ser la correspondiente para la conservación de las mercancías. Esto es vitalmente importante, principalmente, en productos agroalimentarios y sanitarios. En algunos casos, los productos se conservarán en cámaras frigoríficas a las temperaturas recomendadas, por ejemplo, algunos medicamentos. En otras situaciones, es posible que todo el almacén deba mantener la misma temperatura, por ejemplo, una bodega donde se elaboran y guardan vinos. Las temperaturas extremas pueden repercutir negativamente en la plantilla de la empresa. Temperaturas muy frías pueden causar enfermedades como constipados, gripes, pulmonías, etc. Las temperaturas muy calientes pueden afectar al trabajador provocándole lipotimias, desmayos, mareos, etc.

 **EJEMPLO**

En la sección **Noticias** del siguiente enlace, puedes leer el *post* acerca de la tradicional interrupción de ventas de la conocida marca Ferrero Rocher, que no vende bombones en la época de verano para evitar que el producto se estropee y pierda calidad.

https://redirectoronline.com/coml016po0102

3. Los problemas de los proveedores y del comercio

☞ HILO CONDUCTOR

Calzados Pisasuelos S. L., aprovechando el comienzo de esta nueva etapa, desea revisar los proveedores con los que trabaja y seleccionar aquellos que le son más útiles y rentables. Al mismo tiempo, sabe que durante estos quince años de funcionamiento han surgido nuevos proveedores y desea conocer cómo trabajan para emprender nuevas relaciones comerciales.

Antes de empezar a hablar de los problemas que pueden surgir con los proveedores en las relaciones comerciales, es importante distinguir tres **tipos o modalidades de comercio:**

Comercio minorista, *retailer*, presencial o tradicional
- Es aquella empresa que vende sus productos a los clientes finales, es decir, a los consumidores y usuarios. Generalmente, son intermediarios entre empresas mayoristas y/o fabricantes y el consumidor final. No intervienen en el proceso de fabricación o transformación del artículo. Simplemente, lo compran a un precio de coste, para añadirle un beneficio y venderlo por un precio de venta. Algunas veces, adquieren el producto al precio de venta del consumidor final, pero la empresa mayorista le proporciona una comisión de ese precio, en concepto de remuneración o beneficio. Podemos decir que es el comercio o tienda de toda la vida donde acuden las personas a comprar bienes.

Comercio *online*
- Es aquel comercio que vende sus productos o servicios a través de internet. En el caso de las empresas mayoristas, venden sus productos a empresas minoristas utilizando este canal. Les proporcionan unas claves de acceso y pueden entrar a navegar y realizar compras en sus páginas web. En el caso de las empresas minoristas, venden sus productos directamente al consumidor internauta. En este segundo caso, el artículo sale de sus almacenes a la dirección de destino del consumidor.

Continúa en página siguiente >>

<< Viene de página anterior

> **Comercio *drop shipping***
> - Es una modalidad del comercio *online*. En esta modalidad, el comercio minorista no dispone de almacén. En su página web tiene distintos enlaces a las páginas web de los mayoristas, de modo que el cliente final puede acceder y ver los diferentes productos. Una vez que efectúa la compra, el mayorista envía directamente al cliente el producto y le da una comisión al minorista. Esto funciona cuando los mayoristas trabajan en la modalidad de remunerar al minorista con una comisión. Otra opción es que las empresas mayoristas descargan el producto en la web del minorista que marca los precios y, cuando se realiza la venta, el pedido pasa directamente al mayorista para que este envíe el producto al cliente.

NOTA

El comercio minorista también se denomina presencial o tradicional por ser el existente antes de la aparición de internet, que dio lugar a nuevas modalidades de comercio. No se debe confundir con el término pequeño comercio que atiende más a las dimensiones y número del personal que trabaja en el mismo. Es decir, unos grandes almacenes, un hipermercado, un centro comercial o el estanco de tu barrio son todos comercios minoristas.

Al mismo tiempo, para poder entender las relaciones comerciales entre proveedores, empresas y clientes, debemos recordar que el **mercado** está formado por tres **elementos** principales:

- **Oferta:** la oferta es lo relacionado con todo aquello que se ofrece. Abarca las empresas que se dedican a vender productos o servicios que son solicitados por la demanda, dispuesta a pagar un precio a cambio de los mismos.
- **Demanda:** la demanda es lo relacionado con todo aquello que se solicita. Es el conjunto de consumidores finales que solicitan un producto o servicio para satisfacer sus necesidades y por los que están dispuestos a pagar un precio por su adquisición.
- **Competencia:** es el conjunto del resto de empresas que están en el mercado y que ofrecen productos similares o parecidos a los nuestros a precios aproximados. La existencia de la competencia empuja la economía

comercial para que cada empresa ofrezca un valor añadido e intente diferenciarse de las demás de su sector.

NOTA

La demanda potencial es aquella demanda que es susceptible de consumir los bienes y servicios ofrecidos por una empresa. En principio, la población mundial es demanda potencial para consumir cualquier producto. Las empresas deben segmentar la demanda para encontrar esos nichos de mercado, *target* o público objetivo a quien enfocar la venta de sus productos.

Podemos decir que desde que se fabrica el producto por la empresa fabricante hasta que llega al consumidor final hay una serie de **intermediarios.** Estos los podemos resumir en:

Empresas mayoristas	Empresas minoristas
- Las empresas mayoristas son las que compran las mercancías a los fabricantes que son sus proveedores, u oferta, para posteriormente venderlas a las empresas minoristas que son sus clientes, o su demanda.	- Las empresas minoristas son las que compran sus productos a las empresas mayoristas que son sus proveedores, u oferta, para posteriormente venderlos a los consumidores finales que son sus clientes, o demanda.

Por tanto, **el proveedor del consumidor final es la empresa que le vende los productos, el proveedor de la empresa minorista es la empresa mayorista y el proveedor de la empresa mayorista es el fabricante.** Esto es un resumen en líneas generales, ya que el mundo del comercio es más complejo dependiendo de la actividad comercial a la que una compañía se dedique.

De esta cadena de distribución de los productos se deriva **la importancia de la buena elección de un buen proveedor,** ya que si se cometen fallos por el camino de esta cadena, es decir, si falla un eslabón, probablemente repercutirá en el siguiente eslabón.

NOTA

No debes confundir la clasificación de empresas mayoristas y minoristas con la clasificación de empresas grandes y pymes (pequeñas y medianas empresas). La primera hace referencia a los canales de distribución y a quiénes son los compradores, mientras que la segunda hace referencia al tamaño de la empresa en cuanto a número de trabajadores y requisitos financieros.

Los principales **problemas** que podemos encontrar **en el comercio tradicional** en relación con los proveedores son los siguientes:

- **Pedidos mínimos:** es la cantidad mínima que se exige para cumplir una condición. Generalmente, las empresas mayoristas exigen un pedido mínimo a las empresas minoristas para mantener una condición, bien sea para conservar precios bajos (descuentos, ofertas, etc.), para no cobrar gastos de envío o portes, o simplemente para servir un pedido. Por ejemplo, "el precio de 20 €/ud. es para un pedido mínimo de 1.000 unidades, en caso contrario el precio asciende a 22 €/ud.". "Si el pedido mínimo es de 1.000 unidades, los gastos de envío son gratuitos, en caso contrario ascienden a 18 €". "No servimos por debajo de las 700 unidades". El pedido mínimo puede suponer un problema a la empresa minorista cuyo volumen de ventas no es tan alto.
- **Formas de pago:** la empresa proveedora y la empresa cliente deben acordar una forma de pago que les sea favorable a las dos. Existen diversas formas de pago: efectivo, ingreso en cuenta, transferencia bancaria, emisión de cheques, pagarés y otros documentos financieros, etc. Esto dependerá de la solvencia económica, la confianza en la otra parte, la liquidez, etc., pudiendo crear un problema o desacuerdo entre ambas partes.
- **Plazos de pago:** una vez acordada la forma de pago, por ejemplo, la transferencia bancaria, hay que determinar el plazo del pago. Si es prepago, el vendedor no enviará el pedido hasta recibir el dinero en su cuenta. Otras opciones son el pago a 30, 60 o 90 días después de recibir la factura. Otra opción es hacer el prepago de un porcentaje y estimar el resto en uno o varios pagos determinando los diferentes porcentajes para cada momento. Esto puede suponer un problema entre el vendedor que desea cobrar lo antes posible y el comprador que desea pagar lo más tarde posible.
- **Plazos de entrega de las mercancías:** es otro de los aspectos que se deben dejar claro en los contratos de compraventa a la hora de elegir un proveedor. Generalmente, el comprador quiere recibir la mercancía

cuanto antes. El vendedor desea vender cuanto antes, sin embargo, muchas veces no es él quien se encarga del transporte, sino empresas externas. En estos casos, las empresas de transporte cobran más caro la rapidez e inmediatez y más barato aquellos servicios de entrega más prolongados en el tiempo. Depende de quien se haga cargo de los costes del transporte para llegar a un acuerdo en precios y plazos de entrega.

- **Información sobre el producto o servicio:** en ocasiones, los proveedores no saben, no pueden o no quieren ofrecer mucha información acerca de sus productos para que la empresa cliente no compare y no se marche con la competencia. Esto supone un problema para la empresa compradora que no quiere adquirir un producto del que desconoce la información y no sabe qué probabilidades tendrá de venderlo o no y si el precio que está pagando merece la calidad o no del producto adquirido.
- **Precios poco competitivos:** el comprador desea un precio competitivo, bajo o económico para poder cargar mucho margen de beneficio y vender a un precio normal al mercado, o incluso para cargar poco margen y vender el producto a un precio reducido para destacar en el mercado. Por su parte, el proveedor vendedor debe conocer sus costes y su margen de beneficio para saber hasta qué punto puede reducir el precio de su venta.
- **Respuesta lenta ante consultas o incidencias:** un buen proveedor debe dar respuestas rápidas ante consultas e incidencias. En ocasiones, supone más tiempo la larga espera en una llamada telefónica que la consulta que realmente se quiere realizar. Los menús automáticos extensos a la hora de ser atendidos por teléfono también pueden suponer un problema. El tiempo de demora en enviar la confirmación de lectura de un *e-mail,* en contestar o en resolver una incidencia también puede suponer una mala relación laboral en los procesos de compraventa.
- **Errores en los pedidos:** no recibir la cantidad solicitada (en exceso o en defecto), recibirla con otras características diferentes (color, tamaño, sabor, etc.) es otro de los problemas que encuentra el comprador a la hora de recibir la mercancía.

 **EJEMPLO**

Una tienda de manualidades vende mobiliario para decorar casas de muñecas. Un cliente solicita una mesa y cuatro sillas de cocina de estilo isabelino para decorar su casita, que no queda en *stock* y se debe solicitar al proveedor. El PVP es de 5,60 € en total. El coste para la tienda, es decir, lo que le debe pagar al proveedor es de 3,30 €. Los gastos de envío son 7,00 €. El proveedor indica que

Continúa en página siguiente >>

<< Viene de página anterior

para que los gastos de envío sean gratuitos se debe realizar un pedido mínimo de 30 €. En este caso, la tienda debe pedir otros materiales vendibles para las casitas de muñecas hasta alcanzar el coste de pedido mínimo de 30 €, ofrecer otros productos alternativos al cliente o indicar al cliente que se haga cargo de los gastos de envío si no puede aceptar otras alternativas.

- -

 TAREA 1

03/01/XX Calzados Pisasuelos S. L. realiza un pedido de:

- 30 pares de zapatos de la marca Lozano, modelo Lid: 5 del n.º 38 (negro), 10 del n.º 39 (negro), 10 del n.º 40 (marrón) y 5 del n.º 41 (azul marino) a precio de 10 €/unidad.

- 50 pares de zapatos de niño de la marca Baby, modelo Ronaldín, de los números 20 al 24 incluidos, repartidos equitativamente, a un precio de 5 €/unidad, todos de color azul marino.

10/01/XX Calzados Pisasuelos S. L. recibe el pedido con el siguiente albarán:

- 5 pares zapatos Lozano mod. Lid, talla 38 (negro) × 12 € = 60 €
- 10 pares zapatos Lozano mod. Lid, talla 39 (negro) × 11 € = 110 €
- 10 pares zapatos Lozano mod. Lid, talla 40 (marrón) × 10 € = 100 €
- 5 pares zapatos Lozano mod. Lid, talla 41 (azul marino) × 10 € = 50 €
- 10 pares Baby, mod. Ronaldín, talla 20 (azul marino) × 5 € = 50 €
- 10 pares Baby, mod. Ronaldín, talla 21 (azul marino) × 5 € = 50 €
- 10 pares Baby, mod. Ronaldín, talla 22 (azul marino) × 5 € = 50 €
- 10 pares Baby, mod. Ronaldín, talla 23 (azul marino) × 5 € = 50 €
- 10 pares Baby, mod. Ronaldín, talla 24 (azul marino) × 5 € = 50 €

El 11/01/XX Calzados Pisasuelos S. L. abre el paquete del pedido y comprueba que ha recibido lo siguiente:

- 30 pares de zapatos de la marca Lozano, modelo Lid: 5 del n.º 38 (azul marino), 10 del n.º 39 (negro), 10 del n.º 40 (marrón) y 5 del n.º 41 (verde botella).
- 50 pares de zapatos de niño de la marca Baby, modelo Ronaldín, de los números 20 y 21 de color *beige* y de los números 22 al 24 de color azul marino.

Continúa en página siguiente >>

<< Viene de página anterior

El gerente de Calzados Pisasuelos S. L. llama al proveedor A. Después de dos días intentando contactar (porque comunica la mayoría del tiempo), pregunta por el responsable de los pedidos. La persona que le atiende por teléfono le da el siguiente mensaje: "El Sr. Gómez no se encuentra estos días en la empresa porque está de baja por enfermedad. En principio, no sabemos en qué fecha se va a incorporar a su puesto. Llame usted en unos días, a ver si hay suerte y se ha incorporado entonces. Es la única persona que puede resolver el problema".

Ayuda al gerente de la empresa a detectar los diferentes problemas que tiene con el proveedor A.

En la modalidad del comercio ***drop shipping,*** además de los **problemas** mencionados anteriormente, nos encontramos con otros más concretos de esta forma de comercio, que son los siguientes:

Vender a páginas web
- Algunas empresas mayoristas no quieren vender a páginas web porque prefieren vender a tiendas físicas, ya que tienen su propia red de distribuidores o porque exigen unos pedidos mínimos que el usuario internauta no realiza.

Disponer de información sobre los productos
- Existen empresas proveedoras que no disponen de información *online* detallada y exhaustiva de sus productos, por lo que no pueden enlazar con la web de la empresa cliente que vende *online*. Y aun pudiendo enlazar, esta información es escasa y deficiente.

Seguimiento de los envíos
- Si la empresa vendedora subcontrata el servicio a una empresa de transporte, es muy probable que la segunda, ya que es su propia actividad a la que se dedica, sí ofrezca el servicio de seguimiento del pedido. Si es la empresa vendedora la que hace el transporte, es más probable que este servicio de seguimiento del envío no lo ofrezca. Lo cual supone un detrimento en el servicio que se ofrece al cliente final que desconoce el proceso del envío de su pedido.

Continúa en página siguiente >>

<< Viene de página anterior

Sistema rápido de carga del producto
- Hay empresas vendedoras cuyo producto no se puede cargar de manera rápida en la web de la empresa cliente que vende *online*. Es posible que el primero le envíe un catálogo en PDF al segundo y sea este quien deba cargar el producto en su web. Esto supone un trabajo extra para la empresa vendedora *online*. Este problema se agudiza si, además, la empresa vendedora realiza promociones, descuentos, ofertas, etc. de manera frecuente.

Productos no adecuados para la venta *online*
- Se da el caso de productos que son muy baratos y no compensan los gastos de envío. Por ejemplo, artículos que valen 1 € o 2 € mientras los gastos de envío se elevan a 5 € o 6 €. En estos casos, lo más aconsejable para ambas empresas (vendedora y compradora) es que se realice un pedido mínimo.

Por último, los **problemas que puede encontrar un consumidor final a la hora de comprar *online*** directamente a una empresa son los relacionados con:

- **Descripciones del producto:** una página web debe mostrar sus productos de manera clara y concisa, especificando las características, prestaciones y precios del artículo. En el caso de que el precio se desglose en varias partes, es conveniente indicarlo claramente: precio base, tasas y sus conceptos, cargos y sus conceptos, gastos de envío, etc. Se debe indicar el precio total y final para el consumidor.
- **Calidad de las imágenes:** muchas veces la imagen crea una expectativa que no se corresponde con la realidad del producto recibido. La imagen ofrece una expectativa que no va acorde a la realidad que se percibe. Por ejemplo, colores más o menos llamativos, texturas más densas o ligeras, tamaños más grandes o más pequeños, etc.
- **Proceso de compra *online*:** el cliente debe experimentar un proceso de compra en el que no haya fallos de ningún tipo. La pérdida de conexión, la demora en los cambios de pantalla o de pasos en el proceso, la no recepción de justificantes o confirmaciones, etc. hacen que el cliente dude de si se ha realizado el pedido de manera correcta o no.
- **Logística:** aquí nos referimos al transporte de las mercancías. Si el pedido llega tarde o llega deteriorado, el cliente lo percibe como una responsabilidad de la página *online* a quien ha comprado y a quien le ha pagado el producto. El cliente desconoce si el servicio de transporte es un servicio propio de la web o de una empresa subcontratada.

- **Devoluciones del producto:** cuando el cliente no está de acuerdo con el producto recibido por diversos motivos y desea devolver el producto, se puede encontrar con problemas diferentes, como no saber a qué dirección debe enviarlo, a través de qué empresa transportista, si debe pagar o no costes de envío, etc. Un gran número de empresas envía un sobre de devolución, con sus etiquetas correspondientes, para facilitar este proceso en caso de que el cliente lo necesite.
- **Atención al cliente:** si el cliente tiene una queja acerca del producto o de la empresa, debe tener un sitio adonde acudir para manifestar tal desacuerdo. El Departamento de Atención al Cliente debe ser rápido en atender y en solucionar. No basta con atender el teléfono o el *e-mail* de manera rápida, sino que hay que saber solucionar y solventar el problema o incidencia que tiene el cliente.
- **Diseño web:** las páginas web deben ser claras, concisas y bien estructuradas. Los colores, los tipos y tamaños de letra, y la decoración y situación de los diferentes elementos debe ser acorde a la imagen de la empresa. Una web debe ser operativa y funcional para el cliente. En la mayoría de los casos, la sencillez y simplicidad facilitan la navegación y el uso de la misma. Es importante que el producto esté bien organizado en pestañas o departamentos para su fácil localización, así como disponer de un botón o área de búsqueda para que el cliente pueda encontrar el artículo sin necesidad de navegar las distintas rutas de acceso.
- **Obligación de registrarse:** muchas empresas web obligan al cliente a hacer un registro para que pueda comprar sus artículos. El registro puede ser sencillo solicitando pocos datos como un nombre y un *e-mail* o puede ser más complejo si solicitan muchos datos. Es cierto que para las empresas, cuantos más datos se tienen del cliente más fácil es hacer campañas de *marketing* directo. Por otra parte, aunque esté vigente la **Ley Orgánica 3/2018, de 5 de diciembre, de Protección de Datos Personales y garantía de los derechos digitales** tú eres la que regula el uso y protección de estos datos por parte de las empresas, muchos usuarios son reticentes a proporcionar sus datos personales, por lo que cuantos menos datos se les pida, más colaborativos a la hora de registrarse.
- **Formas de pago *online*:** las páginas web solo admiten aquellas formas de pago virtuales como son el pago con tarjeta de crédito o débito, la transferencia bancaria y/o utilizando algunos intermediarios de seguridad como *PayPal*. No admite formas de pago físicas como el pago en metálico o la emisión de cheques y pagarés. Al tratarse de una operación *online* implica cierta desconfianza por parte del cliente que parece que le está pagando a un fantasma o espíritu, ya que no ve físicamente a una persona o un local comercial. Aparte de la desconfianza que esto pueda provocar, también se puede encontrar con errores en los pagos como duplicidad del cobro o el cobro de una cantidad diferente a la que ha pagado. Esto implica que el usuario debe contactar con el Departamento de Atención al Cliente para aclarar la incidencia.

Como hemos dicho, es posible que algunos errores se deriven de la poca profesionalidad de un proveedor del cual dependen nuestros productos o servicios.

Los principales problemas del pago online con tarjeta de crédito son el uso fraudulento por parte de delincuentes cibernéticos y la duplicidad de cargos por motivos de errores en la conexión.

4. Gestión de ventas

☞ **HILO CONDUCTOR**

Calzados Pisasuelos S. L. lleva quince años vendiendo calzados de manera presencial en su nave comercial. Sin embargo, la venta *online* es una experiencia nueva a la que se ven obligados por la demanda que les solicita calzados en la actualidad. Además de gestionar las ventas presenciales, deben gestionar la venta *online*.

El concepto **venta** es el número de unidades, artículos o productos que una empresa entrega a su demanda a cambio de un precio monetario. Esta traducción en unidades monetarias se denomina **facturación.**

◎ EJEMPLO

Imagina un despacho de pan que vende 3 barras a 1 €/ud., facturando así la cantidad de 3 €. Ahora, imagina un concesionario de coches que vende 3 coches a un precio de 15.000 €/ud., facturando 45.000 €. Ambas entidades han vendido 3 unidades o artículos, sin embargo, el concesionario de coches ha facturado muchísimo más que el despacho de pan.

- -

Por eso, decir que una empresa factura una cantidad de dinero *a priori* no determina si es una empresa exitosa o no, pues dependerá del tipo de producto que vende. El producto determinará los costes que asume la compañía, así como el precio de venta que determina y el margen de beneficio que se marca. Además, el tipo de producto también marca la frecuencia de compra por parte de los consumidores. Es más probable que un individuo compre una barra de pan a diario que un coche.

Dentro de las posibilidades, circunstancias y actividad de la empresa, el **objetivo** principal es aumentar las ventas.

En una compañía puede haber diferentes **departamentos** implicados en la actividad de la empresa, como pueden ser los de recursos humanos, *marketing*, administración, dirección, etc. Sin embargo, el más importante es el de ventas. Las ventas son lo que mueve a una empresa, es el objetivo primordial. Si no hay ventas, no hay clientes. Sin clientes, la empresa está abocada al cierre. Es necesario que exista la figura de un gerente, jefe o responsable del Departamento de Ventas.

En consecuencia, **la gestión de ventas es la dirección, administración o gerencia del Departamento de Ventas y de todo lo relacionado con el proceso de ventas.**

Para realizar una buena **gestión de ventas**, es necesario llevar a cabo los siguientes **pasos:**

- ⮕ **Planificar el proceso de ventas:** consiste en hacer un plan acerca de cómo debe ser el proceso de la venta, desde que se solicita el pedido de la mercancía, la recepción, el control, el almacenamiento y la salida de la misma.
- ⮕ **Contratar el equipo humano adecuado:** para gestionar bien las ventas, es necesario contratar a los empleados más adecuados para este menester. Es aconsejable que las personas que trabajan en las ventas estén muy preparadas, es decir, que estén formadas al respecto y que tengan

experiencia. Los requisitos exigidos para estos puestos serán valorados por el departamento o la persona encargada de los recursos humanos. Cabe destacar que al ser las ventas una de las actividades más importantes, es lógico pensar que los trabajadores de este departamento deben ser muy profesionales y capaces de vender el producto.

⊃ **Diseñar estrategias:** para la gestión de ventas es primordial determinar y definir las estrategias que se van a seguir. La elección de la estrategia dependerá del tipo de producto, de la demanda, del precio, etc. Puede haber tantas estrategias como ideas se le ocurran a quien se encargue de la gestión.

⊃ **Marcar objetivos y resultados de ventas:** los objetivos y resultados de ventas deben ser medibles para así analizar si se están consiguiendo o no los resultados. Por ejemplo, un objetivo poco definido sería: "aumentar las ventas mucho", porque el concepto *mucho* no sabemos exactamente a qué cantidad se refiere. Un objetivo concreto sería: "aumentar las ventas en número de unidades un 10 % respecto a las del año pasado en este mismo mes de febrero".

⊃ **Analizar los esfuerzos:** se trata de analizar los resultados obtenidos. Esto es muy importante, sobre todo cuando las desviaciones en positivo o en negativo son grandes. Si la desviación grande es en positivo, se puede deber a un error en la fijación del objetivo, a circunstancias anómalas, como el cierre de un negocio parecido al nuestro y cuya clientela hemos captado *a priori*, o un aumento de la población flotante o turistas debido a un evento en la ciudad. Si la desviación grande es en negativo, se puede deber también a un error en la fijación del objetivo, por ser un objetivo inalcanzable o irreal, porque ha disminuido nuestra clientela o demanda, porque han abierto un negocio parecido cercano a nosotros y ha captado parte de nuestra clientela, etc. Se estima que cuando la desviación es pequeña, no es muy relevante en la consecución del objetivo.

La estrategia es un conjunto de acciones planificadas y enfocadas a perseguir o alcanzar un fin u objetivo. En la empresa, puede haber diferentes estrategias según cada departamento: estrategias financieras, estrategias de *marketing,* estrategias de recursos humanos, etc. En nuestro caso, una estrategia de ventas es el conjunto de acciones que están planificadas para alcanzar el objetivo de obtener el mayor beneficio posible por el mayor aumento de ventas. Existen distintas **estrategias de venta** para poder aplicar:

Centrarse en el producto
- Se trata de vender el producto focalizando los argumentos de venta en las características, propiedades, prestaciones, bondades y calidad del artículo.

Continúa en página siguiente >>

<< Viene de página anterior

Ofrecer muestras gratuitas
- Se trata de ofrecer muestras totales o parciales del producto para que el cliente lo consuma y elija la decisión de compra en base a su propia experiencia. En el caso de los servicios, estas muestras son períodos de prueba gratuitos.

La venta *flash*
- Se trata de vender incitando prisa al comprador en la decisión de compra. Suelen ser descuentos y promociones de corta duración, que duran pocos días ("solo hoy") o pocas horas ("antes de las 18 h"), de modo que no se deja tiempo al cliente para pensar acerca de si decide o no comprar.

La venta agresiva
- Se trata de vender incitando prisa al comprador. Es parecida a la venta *flash*, pero no define el período o tiempo de la oferta o promoción. Por ejemplo, frases de "quedan pocas unidades", "quedan pocas plazas" (en el caso de los servicios), "hasta final de existencias" urgen a la compra de los productos, pero no definen cuánto dura esa promoción, pues depende de las ventas y la demanda de otros clientes.

Promover recomendaciones
- Se trata de vender posicionando el producto en el mercado gracias a las recomendaciones que hacen otros clientes que ya han utilizado o consumido ese producto o servicio.

Fomentar fidelidad
- Se trata de captar al cliente para que adquiera el producto con la mayor frecuencia posible. Las técnicas más habituales son la emisión de tarjetas de pago que permiten al cliente pagar el producto aplicándole un descuento, emisión de tarjetas que acumulan puntos al realizar las compras y que son canjeables posteriormente por premios y regalos, la oferta de descuentos y promociones en próximas compras, etc.

A continuación, te mostramos un ejemplo a la hora de marcar los objetivos y resultados de las ventas.

EJEMPLO

Si el objetivo es incrementar las ventas el 10 %, al tener el histórico de ventas se puede comparar si se ha aumentado el 10 %, si se ha superado el objetivo o si no se ha alcanzado. Se puede estudiar si el desvío, en positivo o en negativo, es pequeño o grande. Será pequeño cuanto más se aproxime al objetivo marcado, y grande cuanto más se aleje de él. En este caso, si el aumento de ventas ha sido del 12 %, la desviación positiva es pequeña; si dicho aumento ha sido del 32 %, la desviación positiva es muy grande. Por el contrario, si el aumento ha sido del 9 %, la desviación negativa es pequeña, pero si ha sido del 2 %, la desviación negativa es muy grande. Se puede dar la circunstancia de decrecer, es decir, que se hayan disminuido las ventas en lugar de aumentar.

Existen diferentes **versiones para promover las recomendaciones:**

- **Venta boca a boca:** son las recomendaciones que hace el consumidor a sus familiares, amigos y entorno cercano, de manera presencial, física o tradicional.
- **Uso de las redes sociales por parte del comprador:** con la aparición de internet, el consumidor e internauta puede extender su opinión o recomendación a toda su red social, e incluso a un público más extenso, dependiendo del grado de privacidad de su perfil en la red social. Estas recomendaciones pueden ser explícitas, con texto, o no explícitas, simplemente con fotos. El auge de la tendencia de la exposición de algunos individuos que *postean* fotos de lo que comen, dónde viajan, la ropa que visten cada día, etc. se considera una recomendación de sus gustos y aficiones.
- **Uso de las redes sociales por parte del vendedor:** la creación de perfiles de empresa favorece la exposición de productos y la promoción de recomendaciones al otorgar al consumidor la posibilidad de opinar, subir fotos del producto, etc.
- **Utilización de *influencers*:** una persona *influencer* (influencia en español) es una persona que tiene un elevado número de seguidores o fans que le siguen por hablar de un tema en concreto: de moda, de deporte, de motor, de gastronomía, de cosmética, etc. Las empresas recurren a estos *influencers* para que recomienden sus productos. Para ello, les pagan económicamente o con el envío de dichos productos para que los consuman y los recomienden a sus seguidores en internet.
- **Utilización de encuestas de valoración:** principalmente, las empresas que venden *online* suelen ofrecer junto a la foto o imagen del producto una valoración en estrellas (evocando a las estrellas de la clasificación hotelera) o similar, que se obtiene de las recomendaciones de clientes

que ya han consumido o utilizado dicho artículo. Incluso exponen la cantidad de la muestra en la que está basada dicha valoración. Por ejemplo, "4 ★ ★ ★ ★, basado en 5 opiniones", "3 ★ ★ ★, basado en 1.524 opiniones".

5. Criterios para diseñar un *stock*

☞ HILO CONDUCTOR

Debido a que actualmente Calzados Pisasuelos S. L. se está dedicando a la venta presencial y *online,* tiene que diseñar el almacén en base a criterios que le faciliten ambos tipos de ventas.

Para diseñar el *stock* de un almacén, lo primero que se debe tener en cuenta son los **aspectos físicos del almacén,** que nos ayuden en la posterior elección del criterio a seguir. Estos aspectos físicos son:

- **Localización del almacén:** como ya se vio en las condiciones generales del epígrafe 1, *El diseño del stock,* el acceso fácil, la situación contigua a la zona de recepción de las mercancías y una buena comunicación con el punto de venta son detalles importantes a tener en cuenta a la hora de ubicar el almacén. Existen dos métodos para ubicar el almacén en una localización óptima, que son:

  - El método gráfico de *Weber*
  - El método del centro de gravedad

    El método gráfico de *Weber:* idóneo para una red de distribución en la que se prioriza la minimización de la suma de todos los costes de transporte.
    El método del centro de gravedad: se basa en que la ubicación idónea del almacén es la del centro de gravedad de la demanda. Minimizando así, los costes de transporte.

- **Dimensión y capacidad:** la dimensión y la capacidad deben ser las adecuadas del almacén a la actividad o volumen de la empresa. Esta es una decisión que se debe tomar a largo plazo. Es posible que, al principio, desconozcamos cuál va a ser el volumen de actividad de la empresa, por eso es importante hacer un estudio previo para calcular aproximadamente cuál va a ser ese volumen y, en base a eso, determinar la dimensión o tamaño del almacén. Aquí se debe analizar, por una parte, el edificio en sí y, por otra parte, el diseño de la planta o del edificio por dentro.

‣ **El edificio:** esta es la decisión más importante porque una vez construido, es muy difícil realizar cambios. Se debe tener presente su dimensión en cuanto a longitud, anchura y altura. Además, no se deben olvidar otros aspectos, como el número de plantas, la luminosidad, si va a sostenerse por columnas o va a ser un espacio diáfano, si es un edificio geométrico regular o irregular, etc.
‣ **La planta:** en el siguiente apartado de factores y criterios veremos que para una buena distribución de los productos en planta se deben tener en cuenta algunos aspectos como el volumen, el peso o la rotación de los artículos. Es importante definir el ancho de los pasillos o zonas de tránsito de vehículos de transporte y traslado de la carga, como de los trabajadores, a la hora de situar las estanterías.

⊃ **Instalaciones:** se deben tener en cuenta aspectos como las temporadas altas, medias y bajas de actividad, previsiones futuras de crecimiento en caso de que este se produzca, iluminación, diferencias de nivel entre zonas y herramientas o mecanismos para salvar esas diferencias: rampas, ascensores, montacargas, escaleras, etc.
⊃ **Estanterías:** encontramos distintos tipos de estanterías:

‣ **Estanterías ligeras:** son aquellas que soportan unos 30 kg de peso por balda. Sirven para mercancías de pequeñas dimensiones que no superen ese peso.
‣ **Estanterías fijas para palés:** el palé es, según la RAE, una *plataforma de tablas para almacenar y transportar mercancías*. Por lo tanto, estas estanterías sirven para almacenar palés unos detrás de otros. Hay dos sistemas:

⇕ El sistema *drive-in drive-through*
⇕ El sistema dinámico

El sistema *drive-in drive-through:* permite a las carretillas entrar dentro de la estantería.
El sistema dinámico: gracias a la gravedad por una ligera inclinación o por la ayuda de unos rodillos, permite que los palés se deslicen desde una zona de entrada a una zona de salida.

En la imagen podemos apreciar la existencia de unos rodillos en la base de las estanterías. De este modo, al coger la mercancía, el resto se desplaza hacia delante. Parecido al sistema que solemos encontrar en las máquinas vending de snacks.

- **Estanterías para pasillos estrechos:** estas estanterías solo permiten el paso de las carretillas que las sirven.
- **Estanterías móviles:** instaladas sobre unos rieles. Permiten el paso por un solo pasillo que se puede abrir allí donde se desee gracias al desplazamiento o movilidad de las estanterías.

Ejemplo de estantería móvil situada sobre unos rieles. Las estanterías se pueden mover según las necesidades del operario para coger la mercancía que solicita. Permite ahorrar en espacio de tránsito o pasillo ya que se pueden desplazar las estanterías hacia uno u otro lado.

- **Estanterías móviles de producto a operador:** es un sistema por el cual la estantería o producto se desplaza hacia el operador. De esta manera se evitan grandes desplazamientos de personal o de carretillas. Estas estanterías son idóneas para la zona de preparación de pedidos.

◔ **Estanterías especiales:** son las que se utilizan para guardar productos de dimensiones irregulares o particulares.

◔ **Almacenes de estanterías autoportantes o *high bay*:** son unas estanterías que además de soportar los palés, soportan el edifico en sí, es decir, las paredes externas y los techos.

⬩ **Áreas o zonas del almacén:** como ya se cita en el epígrafe 1, *El diseño del stock*, el almacén cuenta con diferentes zonas como la de recepción, almacenamiento, preparación de pedidos o *picking*, salida o verificación, control y gestión de *stocks*, tránsito y maniobra y zonas auxiliares, y se deben tener en cuenta a la hora de diseñar el almacén.

 PARA SABER MÁS

En el siguiente enlace puedes leer una noticia acerca del cierre de Seat en Cataluña y su reubicación en otras plantas que tiene en Europa. Es un claro ejemplo del método del centro de gravedad al estar Europa más céntrica de su demanda que si, por ejemplo, se marchasen a Andalucía u otros puntos de España.

https://redirectoronline.com/coml016po0103

Antes de empezar a distribuir y colocar las mercancías en un almacén, hay que diseñar o estructurar cómo van a estar organizados los productos y artículos.

Para ello, es necesario seguir unos criterios que nos ayuden a decidir cómo realizar esa colocación. Por tanto, los **factores o criterios** que se deben tener en cuenta a la hora de diseñar el *stock* son los siguientes:

⬩ **Aprovechar de manera eficiente el espacio disponible:** es importante separar los espacios físicamente para almacenar diferentes tipos de productos según su naturaleza; productos químicos, líquidos, frágiles, inflamables, alimentarios, etc. Pueden estropearse, contaminarse y perjudicar al resto de productos contiguos.

- **Reducir al mínimo la manipulación de materiales:** se trata de que el transporte y traslado de materiales sea de la manera más directa posible, evitando cargar y descargar los materiales con frecuencia, solamente para aquellas tareas en las que sea estrictamente necesario.
- **Facilitar el acceso al producto o artículo almacenado:** los accesos, así como las zonas de tránsito, deben cumplir las medidas de seguridad establecidas en las normas vigentes de Protección de Riesgos Laborales para los trabajadores, las medidas preventivas contra incendios y las normas de seguridad tanto para los empleados como para el manejo y transporte de las propias mercancías.
- **Conseguir el máximo índice de rotación de la mercancía:** los productos de mayor rotación deben situarse en las partes más externas o accesibles, mientras que los de menor rotación se pueden colocar en partes internas o menos accesibles. De esta manera, se facilita la fase de *picking* o recogida.
- **Tener flexibilidad para la ubicación de productos:** es posible que en algún momento concreto, debido a la actividad de la empresa, nos veamos obligados a cambiar el lugar de almacenamiento de algún producto. El almacén debe estar preparado para que estos cambios sean posibles.
- **Facilitar el control de las cantidades almacenadas:** el *stock* debe estar colocado para que el recuento de artículos, para controlar las cantidades existentes en almacén, sea lo más rápido y claro posible.
- **Tener en cuenta el volumen y peso de los artículos almacenados:** los productos que pesan mucho o que tienen un gran volumen deben situarse en los estantes o partes inferiores para acceder a ellos fácilmente y poder manejarlos. Incluso es recomendable que tengan un espacio propio para su carga, transporte y/o manipulación. Mientras que los artículos de poco peso o más pequeños se pueden colocar en estanterías o partes superiores.

 **EJEMPLO**

Para facilitar el acceso al producto o artículo almacenado, estos se colocan por cómo se cogen de manera natural, colocados hacia el exterior: lomos de libros, lomos de sábanas o toallas, mangos de sartenes, etc.

En general, los productos y artículos deben estar debidamente envueltos, envasados y protegidos de la humedad, temperaturas extremas (frío o calor), polvo, daños físicos u otros factores agresivos.

 TAREA 2

Calzados Pisasuelos S. L. ha reorganizado la zona de exposición de su tienda de la manera que muestra la foto.

Indica qué criterios crees que ha seguido para la exposición del calzado y ayuda al gerente del almacén a establecer los criterios que crees óptimos para la ubicación y localización de los distintos tipos de calzado.

6. Necesidades y costumbres

 HILO CONDUCTOR

Calzados Pisasuelos S. L. debe diseñar su nuevo almacén atendiendo a la demanda de sus clientes presenciales y sus clientes *online*. Por otra parte, deben analizar sus necesidades como empresa en esta nueva etapa para que el nuevo almacén las pueda cubrir.

El aumento del mercado capitalista y la globalización del mercado gracias a internet ha hecho que se disparen el consumo y las ventas de productos y servicios. En el caso de los productos, artículos o bienes tangibles, se hace obligatorio el hecho de tener que almacenarlos en algún sitio.

Sería casi imposible para las fábricas guardar sus productos terminados en espera de que el consumidor los adquiera. Al mismo tiempo, para los fabricantes y minoristas resultarían muy costosos los gastos de transporte desde un punto de fábrica a un punto minorista lejano, además de incrementar el coste del producto en sí por tratarse de un pedido pequeño. Por eso, se hace imprescindible la figura del intermediario o empresa mayorista que compra grandes cantidades de producto a los fabricantes para, posteriormente, distribuirlos a las empresas minoristas.

Por otra parte, cuando una empresa minorista recibe las mercancías, por ejemplo, un supermercado, surge la necesidad de guardar en almacén cierta cantidad de artículos o productos, pues no podría tener todos en exposición, ya que, precisamente, para obtener buenos precios, deben comprar cantidades grandes o pedidos mínimos que no pueden vender o exponer al público de un solo golpe. Van mostrando producto conforme este se va vendiendo, y necesitan un almacén para guardar el género.

Las **necesidades** que genera la gestión de un almacén son las siguientes:

◗ **Necesidad de almacenamiento:** la empresa minorista y el fabricante no pueden tener todo el producto almacenado. De ahí la necesidad de las empresas mayoristas y distribuidoras que se encargan de adquirir grandes cantidades a los fabricantes para luego vender el género a las empresas minoristas en cantidades más pequeñas. El almacenamiento debe ser organizado, ordenado y planificado.

◗ **Necesidad de control:** la organización del almacén debe permitir tener controlado el *stock* o cantidad de mercancía de la que se dispone. Además de un sistema informático que permita llevar ese control contable o matemático, es necesario que el almacén permita hacer el recuento físico de manera práctica y sencilla. Se deben controlar las entradas por compras de mercancías, las salidas por ventas, las entradas por devoluciones que realizan los clientes, las salidas por devoluciones que se realizan al proveedor, mercancía apartada, reservada o vendida pendiente de envío, mercancía sin vender, etc. Actualmente, debido a la gran variedad de productos existentes con diferentes referencias, se utilizan sistemas informáticos para llevar el control de las mercancías. La referencia ayuda a controlar el tipo y características o prestaciones de un artículo: peso, tamaño, volumen, color.

◗ **Necesidad de inventariar:** hacer inventario es contar las unidades físicas que realmente hay en el almacén. Este recuento debe coincidir con los datos informáticos que nos indican la cantidad de unidades que debe haber en el almacén.

- **Necesidad de internacionalización:** con la globalización, esto es, la posibilidad de vender productos a cualquier lugar del mundo, se hace necesaria la gestión de almacenes. Primero, porque aumenta la cantidad de productos a vender cuando nos dirigimos a varios mercados además del mercado nacional; segundo, porque, en muchos casos, las normativas de envasado, etiquetado, etc. son distintas según los países y ello obliga a que se tenga en cuenta ese aspecto como criterio a la hora del *layout* u organización y gestión del almacén.

- **Necesidad de emisión de documentación:** a la hora de realizar una compraventa, surgen una serie de documentos para acreditar la misma. Se puede hacer una emisión manual, con formularios en cuadernos talonarios con varias copias cuando el almacén y el volumen de compraventa es pequeño. En la actualidad, esta documentación está informatizada gracias a los sistemas de gestión de almacén. Estos programas informáticos permiten la emisión de hojas de pedido, albaranes, facturas, etc.

En el siguiente ejemplo se muestra, en líneas muy generales al tratarse de un único producto, en qué consiste la realización de un inventario y su utilidad.

 **EJEMPLO**

En nuestro pequeño almacén hemos comprado, el 15/01, 5 cajas con 10 botellas de 1 litro de lejía. El 31/03 hacemos inventario trimestral y, según nuestro programa informático hemos vendido 35 botellas de litro y debemos tener, por tanto, 15 botellas de litro en el almacén. Procederemos al recuento físico; si hubiese botellas de más o de menos, significa que hemos introducido erróneamente algún dato en el ordenador (en las entradas o salidas de mercancías) o que ha ocurrido alguna circunstancia anómala.

 **VÍDEO**

En el siguiente vídeo, puedes ver cómo la tecnología ayuda a registrar y grabar los productos físicos que se encuentran en almacén, llevando la información al sistema informático de gestión de almacén y comparando los resultados

Continúa en página siguiente >>

<< Viene de página anterior

obtenidos por el dron con los que figuran en el ordenador. Obteniendo así el inventario y sus posibles descuadres administrativos.

https://redirectoronline.com/coml016po0104

En el siguiente ejemplo puedes apreciar cómo una bodega organiza su *stock* en base a la necesidad que surge de internacionalizar su producto hacia diferentes mercados.

 EJEMPLO

Una bodega exporta vinos a Argentina, Estados Unidos, Rusia y China. Las botellas están etiquetadas en diferentes idiomas, además de los requisitos exigidos en el etiquetado según los países de destino. Las tiene ubicadas en su almacén según el etiquetado y país de destino.

Las **necesidades del *stock*** pueden surgir por **nuevas tendencias del mercado** que nos obligan a optar por seguir ciertos criterios en la organización y planificación del *stock*, pero también pueden surgir **por costumbre,** es decir, porque "siempre se ha hecho así", o "todo el mundo lo hace así". La costumbre o tradición de que algo se repita de manera frecuente en el tiempo y de que la mayoría de competidores del mercado lo hagan de la misma manera nos obliga, en ocasiones, a seguir esa misma línea para no demarcarnos o salirnos de nuestro mercado. Pues lo que, en ocasiones, puede suponer diferenciarse de la competencia (en positivo) y ser pionero puede causar el efecto contrario (en negativo) y convertirnos en el bicho raro a quien nadie desea comprar sus productos.

 **DEFINICIÓN**

Costumbre

Según la RAE, el término costumbre significa: *hábito, modo habitual de obrar o proceder establecido por tradición o por la repetición de los mismos actos y que puede llegar a adquirir fuerza de precepto.*

Muchas empresas disponen de normas internas, protocolos, decálogos o formas de actuación para con los clientes, los proveedores, los compañeros de la empresa y hacia los procedimientos a seguir en la prestación de servicios o venta de productos. Estas normas vienen marcadas, en la mayoría de los casos, por la deontología profesional, la ética y moral profesional y la costumbre.

 EJEMPLO

En el siguiente enlace puedes leer un decálogo de buenas prácticas y costumbres en un almacén de una empresa.

https://redirectoronline.com/coml016po0105

Ateniéndonos a la definición de la RAE de que **costumbre** es un hábito o acto repetitivo, diremos que las costumbres en un almacén se deben gestionar hacia los proveedores, hacia los trabajadores de la empresa y hacia los clientes.

Estas costumbres no son otra cosa que una serie de procesos y procedimientos que indican la manera de trabajar o de realizar una actividad en la empresa. Es decir, el conjunto y orden de pasos o fases que se deben seguir desde que se comienza hasta que se finaliza una actividad. De esta manera, el personal de la empresa sabe qué debe hacer en cada situación, ya que la actividad y el proceso o procedimiento son repetitivos en el tiempo.

Se pueden establecer costumbres o procesos en diferentes aspectos o tareas que realiza la empresa, como son los transportes de mercancías (quién los asume), las formas y plazos de pago respecto a proveedores, las formas y plazos de cobro respecto a clientes, plazos o fechas de entrega, etc.

En ocasiones, se pueden establecer cronogramas o calendarios para establecer fechas fijas de envíos cuando se trata de proveedores o clientes a quienes compramos o vendemos de manera periódica y regular.

En el proceso de la elaboración de la leche es costumbre seguir estos pasos y en este orden por la mayoría de las empresas lácteas. Salirse de esta costumbre o proceso puede suponer un efecto negativo en la empresa en cuestión.

Por otra parte, en el proceso de compraventa, principalmente a nivel internacional, surgen las reglas *Incoterms* que regulan los derechos y obligaciones entre comprador y vendedor, y determinan quién asume los costes y riesgos del transporte entre las distintas partes integrantes de la compraventa.

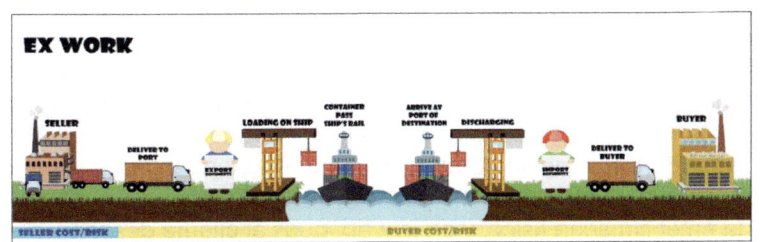

Esquema representativo de la regla Incoterm Exwork.

Estas reglas se actualizan a comienzos de cada década, por lo que ha habido cambios en el año 2020.

 VÍDEO

En el siguiente vídeo, puedes ver qué son las reglas *Incoterms*.

https://redirectoronline.com/coml016po0106

7. Presencia de las familias

👉 **HILO CONDUCTOR**

Calzados Pisasuelos S. L. vende todo tipo de calzado de vestir: zapatos planos, zapatos de tacón, botas, sandalias, etc. A su vez, en cada grupo hay varios tipos: botas altas, de media caña y botines; sandalias espartanas, romanas, de fiesta, de tacón, etc. A su vez, tiene calzado para hombre, mujer, niño y niña. Debe organizar el almacén y los productos agrupándolos por familias.

En un almacén podemos encontrar una gran cantidad y variedad de productos y de marcas que se nos acumulan en miles de referencias. No debemos olvidar que estos productos, además de tenerlos físicamente en el almacén, los tenemos registrados en un sistema informático de gestión de almacén, añadido a la posible circunstancia de tenerlos cargados en una página web para su venta *online*. La búsqueda por referencia se hace muy complicada en el almacén físico, y en la web, pues el cliente desconoce el número de referencia de cada producto. Por nuestra parte, si conocemos la referencia, no será complicado buscar el producto en el programa de gestión. Sin embargo, lo más fácil para localizar los productos por parte de la empresa y por parte de los clientes es ordenar los productos por familias.

DEFINICIÓN

Familia
Según la RAE, una de las definiciones que da del término familia es el *conjunto de objetos que presentan características comunes que lo diferencian de otros.*

- -

La amplia variedad de artículos que nos podemos encontrar dentro de un sector hace que las empresas los agrupen por familias a la hora de organizarlos en el almacén, es decir, agrupar artículos que tienen unas características o prestaciones que los diferencian de otros. Incluso dentro de una misma familia, pueden agrupar los artículos por subfamilias.

 EJEMPLO

Un hipermercado puede tener la familia de bebidas y dentro subfamilias, como bebidas alcohólicas, cervezas, vinos, refrescos, zumos, aguas, etc.

- -

Esta organización por familias en almacén no tiene por qué coincidir con la ubicación o colocación en la zona de venta o exposición, en la que se pueden seguir otros criterios.

 EJEMPLO

Una tienda puede agrupar la mercancía en almacén en las familias abrigos, pantalones, faldas, etc. Mientras que en la zona de venta puede tener la ropa ubicada y organizada por colores, por edades, por marcas o por precios.

- -

En los siguientes enlaces puedes ver distintos tipos de empresas y cómo agrupan sus artículos por familias:

Carrefour

https://redirectoronline.com/coml016po0107

H&M

https://redirectoronline.com/coml016po0108

Papelería Folder

https://redirectoronline.com/coml016po0109

Electrodomésticos Bombay

https://redirectoronline.com/coml016po0110

Toy Planet

https://redirectoronline.com/coml016po0111

Sprinter

https://redirectoronline.com/coml016po0112

Así, podríamos continuar con todos los sectores y tipos de empresas: ferreterías, librerías, bodegas, empresas de mobiliario, etc.

La clasificación por familias ayuda a localizar los productos y artículos tanto en el ordenador como en el almacén físico.

También ayuda a la **ubicación física** en las zonas de venta. Piensa cuando vas al supermercado y tienen indicados los productos con carteles por familias: lácteos, aceites, pasta, bollería, bebidas, productos de limpieza, etc. Favorece el tránsito de los clientes por la tienda para que puedan encontrar los productos que buscan.

Lo mismo pasa en las páginas web. La organización por familias ayuda al cliente internauta a localizar los productos gracias a los **menús desplegables,** donde aparecen las familias organizadas para poder buscar y encontrar un producto o el tipo de producto que desea el cliente.

 ACTIVIDAD COMPLEMENTARIA

1. Accede a la web de La bodega de las estrellas. Busca las familias en las que tienen organizados sus productos y escribe 2 marcas o productos de cada una.

https://redirectoronline.com/coml016po0113

¿Cuáles han sido las familias encontradas?

 TAREA 3

Calzados Pisasuelos S. L. recibe la siguiente mercancía:

Botas de agua, sandalias con cuña, sandalias con tacón, alpargatas, botas de montaña, manoletinas, merceditas, botas de caña alta con tacón, sandalias

Continúa en página siguiente >>

<< Viene de página anterior

romanas o *gladiator,* mocasines, botas de caña alta planas, botines con tacón, francesitas, náuticos, sandalias con plataformas, sandalias con brillos, zapatos de charol, botines sin tacón, botas texanas o camperas.

Ayuda al gerente de Calzados Pisasuelos S. L. a agrupar los diferentes tipos de calzado por familias.

---

8. Tipos de establecimientos según *stock*

☞ HILO CONDUCTOR

Calzados Pisasuelos S. L. sabe a qué sector económico pertenece por su actividad, ya que se trata de una empresa intermediaria que compra calzado para venderlo a los consumidores finales. No fabrican ni transforman nada.

Encontramos diferentes tipos de *stock* dependiendo del criterio de clasificación: según su función, la fecha de caducidad y la organización operativa de la empresa:

Según su función	Según la fecha de caducidad	Según la organización operativa de la empresa
- *Stock* de seguridad	- *Stock* perecedero	- *Stock* óptimo
- *Stock* de alerta	- *Stock* no perecedero	- *Stock* físico
- *Stock* estacional	- *Stock* con fecha de caducidad	- *Stock* neto
- *Stock* inactivo		- *Stock* disponible
- *Stock* especulativo		- *Stock* mínimo
		- *Stock* máximo

Sin embargo, los establecimientos no se clasifican en base a ninguno de estos tipos de *stock*. **Los establecimientos se clasifican en base a la necesidad o deseo de que sus productos o artículos (*stock*) puedan satisfacer a sus clientes.**

En base a ejemplos anteriores, podemos decir que una juguetería satisface, a través de los juguetes, la necesidad de jugar o aprender jugando que tienen los niños.

Una tienda de ropa satisface a los clientes su necesidad o deseo de vestirse.

Una tienda de electrodomésticos satisface a sus clientes la necesidad de utilizar un aparato, utensilio o herramienta eléctrica que les facilite su actividad diaria en su domicilio.

Por tanto, a las empresas, en general, las agruparemos según el tipo de actividad que realizan económicamente hablando. Los sectores económicos existentes son:

- **Sector primario:** aquellas empresas relacionadas con las materias primas y sus actividades: agricultura, ganadería, minería, etc.
- **Sector secundario:** aquí se agrupan las empresas relacionadas con la artesanía y la industria, transformando las materias primas en otros productos: fábricas, envasadoras, embotelladoras, etc.
- **Sector terciario:** empresas que ofrecen servicios a los consumidores, además de todo lo relacionado con el Estado. No transforman nada, solo facilitan al consumidor los bienes fabricados por las industrias: comercio, hostelería, turismo, educación, sanidad, banca, etc.
- **Sector cuaternario:** empresas que se dedican a la información y a lo relacionado con lo intelectual, a su valor intangible: información, investigación, innovación, etc.
- **Sector quinario:** entidades y organizaciones que prestan servicios sin ánimo de lucro, relacionados con el arte, la cultura, la educación, etc. Ejemplos de estos casos son: fundaciones, organizaciones, asociaciones, oenegés, etc.

9. *Stock* diseñado

 **HILO CONDUCTOR**

Calzados Pisasuelos S. L. ha conseguido diseñar su *stock* y almacén para emprender esta segunda etapa comercial. Ha logrado organizar y ubicar el género tanto en el almacén físico como en el sistema informático.

El *stock* o **almacén diseñado** es el almacén definitivo una vez que se han tomado las decisiones y se ha ejecutado la planificación.

 **RECUERDA**

El *stock* es el conjunto de mercancías o productos que se guardan en un almacén. El PGC los clasifica y distingue según la fase del proceso en la que se encuentran.

El almacén es el lugar donde se custodia el *stock,* entre otras funciones, y cuenta con diferentes áreas.

Los **cuatro pilares** en los que se fundamenta el **almacén diseñado** son:

Espacio físico
- Integrado por el edificio en sí más la organización interna de la planta.

Gestión del almacén
- Estrategia de cómo se va a realizar la actividad del almacén: objetivos, procesos, funciones y tareas.

Sistema de gestión del almacenamiento
- Actualmente, la mayoría de los almacenes se gestionan con la ayuda de un programa informático de gestión que facilita todas las tareas a realizar en los mismos.

Recursos humanos
- Aunque existe un conjunto de máquinas, herramientas y utensilios que facilitan las labores de almacenaje, es imprescindible contar con un equipo humano que las maneje, además de realizar otras tareas para el óptimo funcionamiento del almacén.

ACTIVIDAD COMPLEMENTARIA

2. Visualiza el siguiente vídeo:

https://redirectoronline.com/coml016po0114

Explica las ventajas/tareas que ofrecen los recursos humanos ante la automatización, mecanización y robotización.

10. Resumen

Definimos el *stock* como el conjunto de mercaderías, productos o suministros que se compran para luego ser vendidos previa transformación o no.

Según el R. D. 1514/2007, de 16 de noviembre, por el que se aprueba el Plan General de Contabilidad, el grupo 3, Existencias, se diferencia entre los siguientes subgrupos:

30. Comerciales o mercaderías

31. Materias Primas

32. Otros aprovisionamientos

Continúa en página siguiente >>

<< Viene de página anterior

Según el Plan General de Contabilidad (PGC), el subgrupo 32, *Otros aprovisionamientos*, se subdivide en otros, como los elementos y conjuntos incorporables, combustibles, repuestos, etc.

Definimos el *layout* como la ubicación y organización de las mercancías dentro del almacén y definimos el almacén como el lugar donde se guardan y custodian las mercancías.

Las funciones del almacén, además de almacenar y conservar el *stock*, consisten en recibir la mercancía, registrar las entradas y salidas de las mismas, preparar los pedidos y controlar y gestionar el *stock*.

Las áreas o zonas de las que consta el almacén son:

- Zona de recepción
- Zona de almacenamiento
- Zona de preparación de pedidos o *picking*
- Zona de salida y verificación
- Zona de control y gestión de *stocks* (despachos u oficinas)
- Zona de tránsito y maniobra
- Zonas auxiliares

Las condiciones generales de un almacén deben atender a tres aspectos: **ubicación, construcción y mobiliario, y factores ambientales**.

Las condiciones generales de la ubicación son aquellas condiciones relativas a los accesos, a la ubicación del almacén respecto a la zona de recepción de la mercancía y la comunicación entre el almacén y la zona de venta.

Las condiciones generales de la construcción y el mobiliario atienden a los accesos al edificio en sí y las puertas, los materiales de construcción adecuados al tipo de mercancía que se va a almacenar, la capacidad respecto al volumen de actividad de la empresa de almacenamiento y el mobiliario variado para organizar las mercancías.

Las condiciones generales de los factores ambientales son las referidas a la **ventilación, la humedad, la iluminación y la temperatura**, debiendo ser las adecuadas para la conservación de los distintos tipos de mercancías.

El comercio se puede realizar en distintas modalidades. Por un lado, existe el comercio minorista, que es el modelo presencial o tradicional de siempre hasta que apareció internet, que fue entonces cuando surgió la modalidad del comercio *online* y, a su vez, la modalidad del **drop shipping,** que consiste en enviar el pedido al proveedor para que este envíe el producto directamente al consumidor final sin tener que pasar la mercancía o el producto por manos del intermediario.

Los elementos principales del mercado son tres: **la oferta, la demanda y la competencia.** La oferta es todo aquello que se ofrece, es decir, las empresas que ofrecen productos y servicios para satisfacer las necesidades y deseos de los clientes. La demanda es el conjunto de personas que tienen unas mismas necesidades y deseos y solicitan o requieren un producto o servicio para satisfacerlos. La competencia es el resto de empresas que están en el mercado y ofrecen productos similares o sustitutivos a los nuestros y nos pueden quitar cuota de mercado, o sea, nuestra "parte del pastel".

En el mercado encontramos a los fabricantes que fabrican o crean los productos, los consumidores finales que son quienes los compran para su uso y disfrute, y los intermediarios que son los que distribuyen o median para que los productos de los fabricantes lleguen al consumidor final. Los intermediarios son las **empresas mayoristas y las empresas minoristas.** Las empresas mayoristas adquieren los productos a los fabricantes en grandes cantidades para después venderlos a empresas minoristas. Las empresas minoristas compran los productos a los mayoristas para, posteriormente, venderlos al consumidor.

A pesar de lo idílica que debería ser la actividad comercial, lo cierto es que cuenta con una problemática al igual que otras actividades económicas. Los problemas más frecuentes en el comercio tradicional son **la obligatoriedad de realizar pedidos mínimos, las formas y plazos de pago exigidos, los** plazos de entrega de las mercancías, la escasa o errónea información acerca de los productos, los precios poco competitivos, la respuesta lenta por parte del proveedor ante incidencias o consultas y errores varios en los pedidos.

Por otra parte, los problemas que se producen en la modalidad del *drop shipping* son: la negativa de algunos proveedores a vender a páginas web, la no disposición de la información acerca de los productos para poder descargarla en páginas web, no poder ofrecer el seguimiento de los envíos, no disponer de un sistema rápido para cargar el producto en la web y que el producto en sí no sea idóneo para venderse *online*.

En cuanto a los problemas que encuentra el consumidor final a la hora de comprar por internet, son: erróneas o insuficientes descripciones de los productos, calidad de las imágenes que no se corresponden con el producto físico, principalmente cuando la expectativa creada es mayor que la realidad percibida creando un problema de insatisfacción para el cliente, complicados procesos de compra, logística desconocida por el cliente, complicados procesos de devolución del producto, servicio complicado de atención al cliente, diseños de webs no muy intuitivas, obligación a registrarse proporcionando datos personales considerados por el cliente como excesivos, y las formas de pago *online* con sus correspondientes riesgos.

La venta es la transacción por la que un comprador adquiere un producto o servicio a un vendedor que se lo ofrece a cambio de un precio monetario.

La **gestión de ventas es la dirección y organización del departamento que se encarga de las ventas dentro de la empresa**. Los pasos a seguir para una buena gestión de ventas son: planificar previamente el proceso de ventas, contratar los recursos humanos adecuados para desempeñar ese proceso, diseñar las estrategias o acciones que se van a realizar, marcar los objetivos y resultados de ventas que se desean obtener, y analizar los esfuerzos.

Existen tantas estrategias de venta como ideas se le ocurran a quien deba diseñarlas. Las más habituales son: las que se centran en el producto, el ofrecimiento de muestras gratuitas, la venta *flash* y la venta agresiva, como modelos para forzar una toma de decisión de compra de manera rápida, promover las recomendaciones de los propios clientes (boca a boca, uso de redes sociales por ambas partes, *influencers,* encuestas de valoración) y la fidelización de los mismos.

Los aspectos físicos de un almacén son los siguientes:

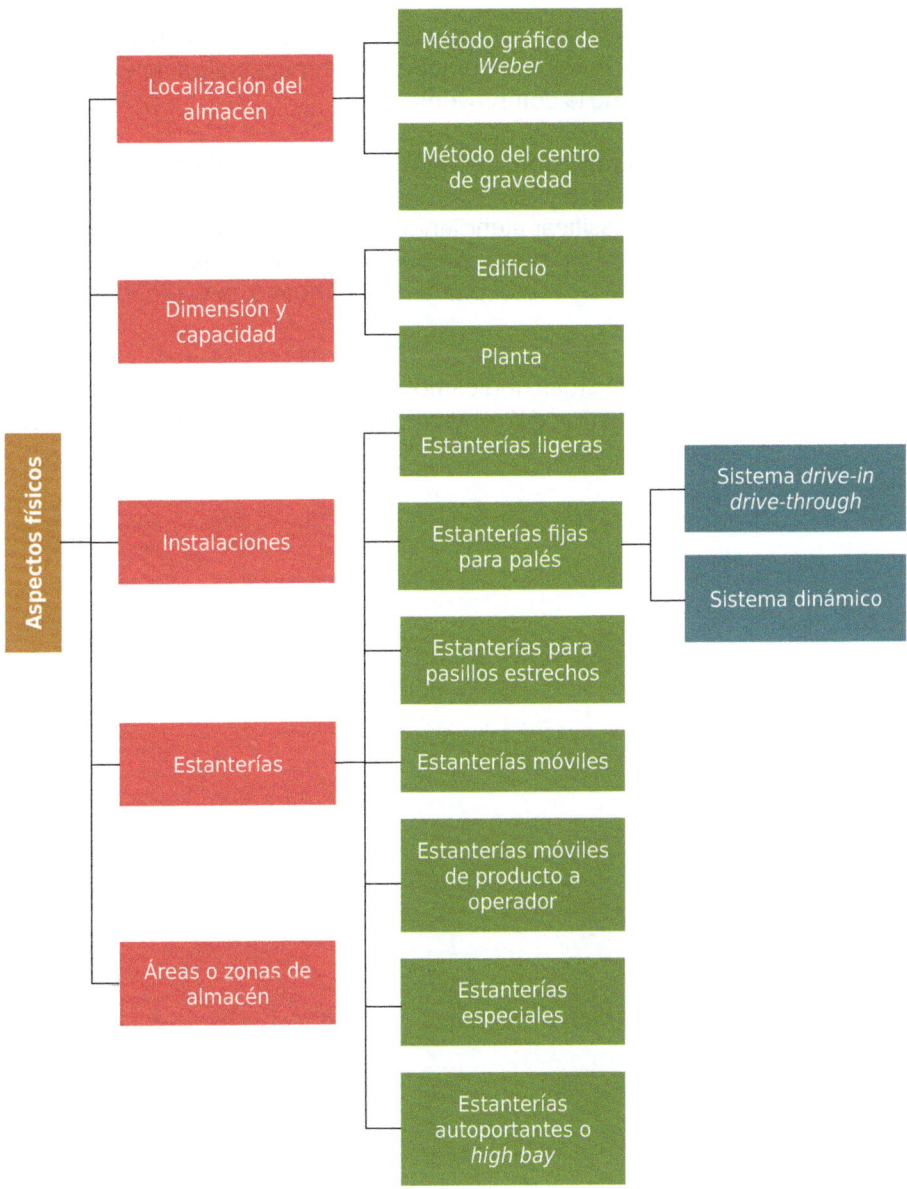

Los factores o criterios que se deben tener en cuenta a la hora de diseñar el *stock* son: el aprovechamiento del espacio disponible, la reducción de la manipulación de materiales, el acceso fácil al producto, el máximo índice de rotación de la mercancía, la flexibilidad para ubicar los productos, el control de la cantidad de *stock* y las características de los productos.

Las principales necesidades que genera la gestión de un almacén son: el almacenamiento, el control, el inventario, la internacionalización y la emisión de documentación de la compraventa.

Definimos la **costumbre como un acto repetitivo en el tiempo.**

El *stock* se puede clasificar atendiendo a diferentes criterios, pero los tipos de empresas según el *stock* los podemos clasificar en base al sector económico al que pertenecen: sector primario, secundario, terciario, cuaternario y quinario.

Una vez diseñado el *stock*, indicamos que los pilares del almacén son: el **espacio físico, la gestión del almacén, el sistema de gestión del almacén y los recursos humanos.**

Ejercicios de autoevaluación
Unidad de Aprendizaje 1

1. En el Plan General de Contabilidad, las mercaderías se encuentran dentro del grupo:

    a. Materias primas.
    b. Existencias.
    c. Otros aprovisionamientos.
    d. Productos terminados.

2. Los vestuarios del personal del almacén se consideran en la:

    a. Zona de recepción.
    b. Zona de salida.
    c. Zona de tránsito.
    d. Zona auxiliar.

3. La cantidad de unidades que se requiere para conseguir privilegios, como descuentos en el precio o gastos de envío gratuitos, se denomina:

    a. Pedido mínimo.
    b. Pedido obligatorio.
    c. Pedido forzoso.
    d. Pedido de demanda.

4. Una empresa mayorista es:

    a. Aquella que tiene empleadas a más de 500 personas.
    b. Aquella que factura más de 2 millones de euros.
    c. Aquella que tiene más de 100 puntos de venta en territorio nacional.
    d. Aquella que compra producto para venderlo a empresas minoristas.

5. Indica si las siguientes afirmaciones son verdaderas o falsas.

a. La venta *flash* y la venta agresiva son exactamente lo mismo, duran un período muy corto.

- Verdadero
- Falso

b. A la hora de diseñar el *stock* se debe tener en cuenta el objetivo de conseguir el máximo índice de rotación.

- Verdadero
- Falso

6. Las reglas *Incoterms* se aplican:

a. A nivel de comunidad autónoma.
b. A nivel nacional.
c. A nivel internacional.
d. Solo si en la compraventa interviene Estados Unidos.

7. Los tipos de *stock* que podemos encontrar según su función son:

a. *Stock* de seguridad, de alerta y estacional.
b. *Stock* perecedero y no perecedero.
c. *Stock* óptimo y físico.
d. *Stock* neto y disponible.

8. ¿Cuál de las siguientes actividades pertenece al sector terciario?

a. Una empresa de autocares.
b. Una ganadería de vacuno.
c. Una fábrica de muebles.
d. Un invernadero de tomates.

9. **Indica si la siguiente afirmación es verdadera o falsa: "Los recursos humanos son totalmente prescindibles en un almacén diseñado, ya que este funciona gracias a la tecnología, la maquinaria y la automatización de las tareas".**

   ■ Verdadero
   ■ Falso

El *stock* y su incidencia en los beneficios del comercio

Contenido

Objetivos

El objetivo general de esta Unidad de Aprendizaje es:

→ Reconocer la importancia que ejerce la gestión de las mercancías en los beneficios del comercio.

Los objetivos específicos de esta Unidad de Aprendizaje son:

→ Diferenciar los distintos tipos de *stock* e ingresos.

→ Identificar la relación entre la curva ABC y el *stock.*

→ Relacionar la curva ABC con el margen.

→ Distinguir los diferentes indicadores de la rentabilidad del *stock.*

→ Definir la curva ABC de la rotación del *stock.*

→ Analizar las ventas cruzadas del *stock.*

→ Justificar las matemáticas con la profundidad del *stock.*

1. Introducción

Una vez que hemos diseñado el almacén, antes de diseñar el *layout* y comenzar a ubicar mercancías, es aconsejable conocer algunos conceptos acerca del **beneficio que nos proporciona el *stock*.**

De este modo, el criterio seleccionado para su ubicación, por ejemplo, el volumen y peso de los productos, también tendrán un componente económico, como puede ser la rotación de los mismos.

Los ingresos, el margen de beneficio, la rentabilidad, la rotación, así como las ventas cruzadas son términos económicos que debemos conocer para saber cuál va a ser la ganancia en la actividad de logística o almacenaje de *stock*.

Para enfocarnos en la incidencia que tiene el *stock* en los beneficios del comercio, vamos a centrarnos en el caso de Calzados Pisasuelos S. L., la zapatería minorista que vende todo tipo de calzado de vestir infantil y de adulto, tanto en una nave que posee a las afueras de una ciudad como vía internet a través de su página web www.pisasuelos.com.

2. *Stock* e ingresos

☞ HILO CONDUCTOR

Calzados Pisasuelos S. L. tiene un almacén que es el triple de grande que la tienda o zona de exposición. Aun así, el gerente siempre está temeroso de quedarse sin *stock* de algún producto o, por el contrario, disponer de mucho *stock* de algún producto que apenas se venda. Por otra parte, los únicos ingresos que cree obtener son los procedentes de la venta de los artículos. Desea conocer más acerca de los tipos de *stock* y si puede obtener otros tipos de ingresos.

- -

Definimos el **stock** como el conjunto de bienes, productos, artículos o mercancía que se guarda, almacena o custodia en un almacén o construcción similar.

El *stock* se compra para, posteriormente, venderlo previa transformación o no. A la hora de comprarlo, la empresa paga un coste al proveedor o por la obtención de la materia prima, y cuando lo vende (transformado o no) lo hace a un precio incrementado para obtener así un beneficio. El objetivo de cualquier empresa es, en general, minimizar costes, maximizar ingresos y, en consecuencia, maximizar los beneficios. El beneficio es la diferencia entre el ingreso y el coste.

Estas actividades económicas de compraventa hacen que hablemos de **stock económico,** que es al que nos referimos cuando hablamos del *stock* en los términos de la economía empresarial. Es decir, cuando nos referimos a los aspectos económicos o al valor monetario del *stock.*

Como ya hemos explicado en la unidad anterior, la contabilidad nos permite hacer una foto del estado económico y financiero de nuestra empresa en un momento concreto. De ahí la importancia de la valoración del *stock* para saber el valor de los bienes que posee la empresa.

Desde el punto de vista económico, podemos distinguir tres **clasificaciones** según tres criterios:

Según su función	Según la fecha de caducidad	Según la organización de la empresa operativa

2.1. Tipos de *stock* según su función

Según su función, es decir, la actividad que desempeña, podemos encontrar:

- ⮞ *Stock* **activo, normal o de ciclo:** es la cantidad de *stock* que necesita la empresa para su actividad o producción normal, sin la necesidad de realizar pedidos extras. Una vez que se vende el producto o que se termina el proceso de fabricación, quedan pocas mercancías iniciales.
- ⮞ *Stock* **de seguridad:** es el *stock* que se necesita para hacer frente a posibles pedidos extras, además del *stock* normal, de ciclo o activo de la empresa. Generalmente, es el *stock* que se adquiere ante temporadas altas de la actividad de la empresa, como puede ser Navidad, Semana Santa o verano. Este *stock* tampoco debe quedar en el almacén una vez que se finaliza el ciclo de venta o de producción, ya que estaba previsto en la estimación de la recepción de pedidos o de ventas.
- ⮞ *Stock* **de alerta:** es el *stock* que nos avisa de que es el momento adecuado para realizar el pedido con el fin de no quedarnos sin mercancía.

➲ ***Stock* estacional:** es el *stock* que se prevé para una época estacional concreta ya que la actividad de la empresa es solo en esa etapa estacional. A diferencia del *stock* de seguridad que prevé picos altos y picos bajos en la actividad de la empresa que se mantiene todo el año, el *stock* estacional prevé la estación en la que se vende el producto. En España, la venta de la equipación de esquí se produce en la temporada de invierno mientras hay nieve y las estaciones de esquí permanecen abiertas. Los aparatos de aire acondicionado se venden solo de cara al verano. Sin embargo, las bicicletas se venden durante todo el año, independientemente de que haya unas temporadas más altas que otras. Las empresas que trabajan por *stock* estacional suelen calcular muy bien sus márgenes ya que, en ocasiones, toda la economía de la actividad que debería ser anual se reduce a la operatividad de unos meses.

➲ ***Stock* inactivo o muerto:** es el *stock* que no se puede vender y no queda otra opción que deshacerse de él. Los motivos por los que no se puede vender esta mercancía son variados, desde desperfectos de la fabricación cuyo error se ha detectado al finalizar el proceso, desperfectos por causas de fuerza mayor, accidentes o incidentes como inundaciones, incendios, etc., por movimientos económicos del mercado ajenos a la empresa, causas relacionadas con tendencias del mercado, etc. Por ejemplo, un jugador X de fútbol muy famoso que jugaba en un equipo A es fichado por un equipo B y, a su vez, reemplazado por el jugador Y. Por lo que las camisetas del equipo A con el nombre de dicho jugador X se quedan sin vender, ya que los fans del jugador X van a demandar las camisetas del equipo B, y los fans de equipo A van a demandar las camisetas del nuevo jugador Y que es el nuevo fichaje.

➲ ***Stock* en tránsito:** es el *stock* que está todavía presente en el ciclo de fabricación o ciclo de comercialización. Ejemplos de este *stock* son los productos que están pendientes o en curso de entrega, pendientes o en curso de embalaje, en curso de etiquetado, etc.

➲ ***Stock* especulativo:** este *stock* es el que se realiza ante la previsión de un aumento de ventas temporal o momentáneo en productos que salen nuevos al mercado o están de moda y se sabe que va a haber un *boom* de ventas con una fuerte demanda inicial, pero una vez que la mayoría del mercado ha adquirido el producto, la demanda desciende o disminuye significativamente y, por tanto, la cantidad de *stock* también disminuye proporcionalmente. Por ejemplo, existen productos que se venden mucho al principio de su lanzamiento, pero una vez superada esa fiebre de compra, las ventas disminuyen considerablemente. Ciertos artículos, como el palo de *selfie,* los patinetes eléctricos, los *hoverboards,* etc. tuvieron un auge de ventas al inicio de su lanzamiento en el mercado, pero posteriormente esas ventas se han moderado.

 **TAREA 4**

Calzados Pisasuelos S. L. tiene en su almacén un *stock* de 5.000 pares de calzado diverso. De ese total:

- 200 pares son unas alpargatas con brillos que estuvieron de moda hace 7 años, pero ya nadie las demanda. Estuvieron un tiempo muy rebajadas, pero ni aun así se lograron vender, por lo que volvió a guardarlas en almacén.
- 600 pares de sandalias que se sacan a la zona de exposición de cara a las temporadas de verano.
- Por otra parte, está pendiente de recibir en esta semana un pedido de 800 pares de zapatos de vestir masculino y femenino.
- Por último, un vendedor ambulante le ha comprado 300 pares de zapatos de niño y niña que se pasará a recogerlos en 10 días.

¿Podrías ayudar al gerente de Calzados Pisasuelos S. L. a identificar los diferentes tipos de *stock* según su función, así como el *stock* neto y el *stock* disponible?

2.2. Tipos de *stock* según la fecha de caducidad

Existen diferentes tipos de *stock* en función de la durabilidad de la mercancía, así, podemos encontrar:

> ***Stock* perecedero**
> - Es la mercancía que se estropea con el paso relativo del tiempo. Se descomponen de manera natural por influencia de agentes externos como la temperatura o la humedad. A este tipo de *stock* pertenecen una gran mayoría de productos alimentarios, como las frutas, las verduras, las hortalizas, la carne o el pescado fresco. Las empresas que trabajan con productos perecederos deben estar muy atentas a los *stocks*, ya que una mala gestión en el *stock* puede suponer grandes pérdidas económicas a la empresa.

Continúa en página siguiente >>

<< Viene de página anterior

Stock **no perecedero**
- Es la mercancía que no se estropea con el paso relativo del tiempo. Al menos, no en un corto o medio plazo y no suele estropearse por agentes externos como la temperatura y la humedad, sino que se estropean por el uso en sí del producto. Productos como el mobiliario, el textil, etc. son ejemplos de productos no perecederos.

Stock **con fecha de caducidad**
- Es toda aquella mercancía que no se puede vender una vez que se sobrepasa la fecha indicada. Esta fecha es la que determina a partir de qué momento el producto pierde sus propiedades. A este tipo de stocks pertenecen también muchos alimentos envasados, como las latas de conservas, las bebidas, etc. La fecha de caducidad puede venir indicada en una fecha concreta (28/03/2021) en productos que caducan a corto plazo, en mes aproximado y año (07/2022) en productos que caducan a medio plazo, o a modo de instrucción (desechar a los 30 días una vez abierto el envase) en productos que se ven afectados por la temperatura, la humedad o el contacto con el aire una vez abiertos, como es el caso de ciertos productos cosméticos o ciertos medicamentos líquidos (jarabes, colirios, etc.).

NOTA

Empresas que se ven afectadas por el *stock* perecedero son las especializadas en este tipo de productos, como las fruterías, carnicerías, pescaderías, etc. y otras más genéricas como los supermercados, hipermercados, restaurantes, bares, cafeterías y todas aquellas que comercializan la venta de alimentos o el servicio de comidas preparadas.

Obsolescencia programada

Es posible que hayas escuchado hablar de la **obsolescencia programada u obsolescencia planificada**. Existen ciertos productos que se fabrican con la intención de que tengan una durabilidad limitada para, posteriormente, volver a adquirir o comprar ese producto. Esta programación de la obsolescencia motiva a la innovación, la investigación y el progreso, pues de lo contrario, seguiríamos viviendo como a principios del s. XIX. De ahí que existan piezas que ya no se fabrican o modelos que están descatalogados. Otros autores dicen que las empresas que ejercen esta práctica lo hacen con la finalidad de continuar con las ventas y obtener beneficios.

IMPORTANTE

No se debe confundir la durabilidad o característica de ser o no perecible ni la caducidad con el término de obsolescencia programada. La obsolescencia programada o planificada es la planificación de la vida útil de un producto.

APLICACIÓN PRÁCTICA

Un hipermercado vende una amplia variedad de productos, además de los alimentarios. ¿Sabrías clasificarlos según su durabilidad?

* **Latas de atún**
* **Pescado fresco**
* **Ropa infantil**
* **Yogures**
* **Paquetes de folios**

* **Botellas de leche**
* **Naranjas**
* **Castañas**
* **Sábanas**
* **Lavadora**

Solución

Los productos perecederos son aquellos que se estropean y se deterioran con el paso del tiempo en un plazo corto o medio. De ahí que productos como las naranjas, el pescado fresco y las castañas, es decir, la alimentación fresca, como carne, pescado, frutas, verduras y hortalizas, pertenezcan a este grupo.

Los productos no perecederos son aquellos que no se estropean con el paso del tiempo. De ahí que las opciones de ropa, lavadora, paquetes de folios y sábanas pertenezcan a este grupo.

Los productos que tienen fecha de caducidad son aquellos que no se pueden vender y no se deben utilizar vencida esta fecha porque han perdido sus propiedades. A este grupo pertenecen los productos envasados, como las latas de atún, la leche y los yogures.

2.3. Tipos de *stock* según la organización operativa de la empresa

Según la manera de organizarse la empresa, esto es, el modo que tiene de operar y gestionar su actividad diaria y principal, así como sus tareas, encontramos:

- *Stock* **óptimo:** es el *stock* justo y necesario para realizar el ciclo de venta o de producción en la empresa de manera que una vez finalizado no quede nada en el almacén.
- *Stock* **cero:** consiste en no tener *stock*. Este método de *stock* cero lo utilizan las empresas que trabajan bajo pedido o bajo demanda, solo en ese caso compran las materias primas para fabricar o las unidades que van a vender porque se las han solicitado previamente. Este método suele darse en empresas que fabrican productos exclusivos u originales para el consumidor final y trabajan bajo demanda, o empresas que tienen un almacén muy pequeño y realizan los pedidos bajo demanda de sus clientes.
- *Stock* **físico:** es la cantidad de mercancía que se encuentra en el almacén de manera física y presencial.
- *Stock* **neto:** es la cantidad de *stock* que queda una vez que al *stock* físico total le hemos descontado los pedidos de los clientes que aún no se han tramitado, es decir, *stock* vendido pero que todavía permanece en nuestras instalaciones sin enviar.
- *Stock* **disponible:** es la cantidad del *stock* neto más el *stock* que está pedido a los proveedores y pendiente de recibir en nuestras instalaciones. En realidad, es lo que podemos vender o que está disponible para la venta.
- *Stock* **mínimo:** es la cantidad de mercancía que se debe tener en el almacén para poder seguir con la actividad empresarial y no decir NO al cliente.
- *Stock* **máximo:** es la cantidad de *stock* que no debe superarse nunca para que no se nos convierta en *stock* muerto o inactivo. Es importante tener en cuenta este *stock* en productos perecederos o con caducidad para que, en caso de no venderlos, no se nos quede muerto en el almacén y haya que desecharlo.

NOTA

El *stock* cero trata de fabricar o comercializar a demanda sin que sobre ningún artículo. Es típico, por ejemplo, de equipos deportivos que contratan las equipaciones en base a la cantidad de jugadores, con los números y las tallas de los mismos.

- -

Es posible confundir el *stock* de alerta con el *stock* mínimo. El *stock* de alerta nos avisa de cuándo debemos solicitar más *stock,* mientras que el mínimo es la cantidad mínima para no quedarse sin existencias. El *stock* de alerta tiene que ser mayor que el *stock* mínimo.

El *stock* máximo no debe superar las previsiones de venta, para así no convertirse en *stock* cero o *stock* muerto.

EJEMPLO

Siguiendo con el ejemplo que pusimos como modelo para explicar el *stock* muerto o inactivo, si los fichajes de los deportistas se realizan anualmente, o cada dos o cuatro años, el *stock* máximo de camisetas a fabricar o vender no debe superar las previsiones de venta de esos períodos, ya que desconocemos si a dicho jugador le van o no a renovar el contrato una vez que este finalice.

- -

TAREA 5

Un hotel cuenta con 100 habitaciones dobles con baño. A sus huéspedes les ponen en el baño cada día 2 sobres de gel, 2 sobres de champú y 1 jabón de manos. Actualmente, a 15/07, la ocupación diaria del hotel es del 80 % hasta el 15/09. ¿Qué cantidad de sobres de gel, sobres de champú y pastillas de jabón de manos determinan el *stock* mínimo y el *stock* de alerta?

Continúa en página siguiente >>

<< Viene de página anterior

Por todo lo dicho anteriormente, las empresas intentan **desestacionalizar la venta de sus productos,** es decir, venderlos a lo largo de todo el año. Para ello, es necesario buscar distintas necesidades a satisfacer de los clientes o buscar otros mercados en los que el clima sea diferente al clima del lugar de origen donde está ubicada la empresa.

Vistos todos estos conceptos, podemos pensar que las empresas tienen un control absoluto del *stock* o una excelente gestión del mismo. Nada más lejos de la realidad. La gestión del *stock* es muy complicada, pues, en general, hay mucha variedad de artículos para vender y unos se venden más que otros. El almacenamiento supone una serie de costes que, en caso de la no venta de artículos, pueden generarse o aumentar de forma considerable. Para que esto no suceda, la empresa debe tratar de reducir costes y aumentar los ingresos. Por otra parte, la diferencia entre los ingresos y los costes va a determinar el margen de beneficio así como la rentabilidad de la empresa.

Puesto que la empresa se dedica a la compraventa de *stock,* su mayor fuente de **ingresos** proviene de la venta de mercancías.

Según el Plan General Contable, los distintos tipos de ingresos que puede obtener una empresa están en el grupo 7. *Ventas e ingresos,* en los siguientes subgrupos:

- **70. Venta de mercaderías de producción propia, de servicios, etc.:** dentro de este subgrupo existen otros subgrupos, pero nos interesan principalmente los que se refieren a los ingresos que se producen por la venta del *stock,* es decir, venta de mercaderías, de productos terminados, semiterminados, venta de subproductos y residuos y venta de envases y embalajes.
- **71. Variación de existencias:** son cuentas contables que existen para registrar, al final del ejercicio contable, la diferencia entre las existencias finales y las iniciales.
- **73. Trabajos realizados para la empresa:** son cuentas contables para la contrapartida de gastos que ha realizado la empresa para su inmovilizado activo.
- **74. Subvenciones, donaciones y legados:** son ingresos que recibe la empresa por parte de terceros, relacionados con su funcionamiento, pero no directamente con la actividad de compraventa.
- **75. Otros ingresos de gestión:** ingresos que no se recogen en otros subgrupos contables y por actividades que no son la principal de la empresa, como pueden ser los ingresos por arrendamientos de edificios y locales.
- **76. Ingresos financieros:** son ingresos que proceden de movimientos financieros, generalmente, con entidades financieras o bancarias.

Continúa en página siguiente >>

<< Viene de página anterior

- **77. Beneficios procedentes de activos no corrientes e ingresos excepcionales:** son ingresos que proceden de la venta de activos no corrientes, como puede ser la venta de mobiliario, venta de maquinaria, venta de equipos informáticos, etc.
- **79. Excesos y aplicaciones de provisiones y de pérdidas por deterioro:** en las empresas se deben hacer provisiones para diferentes partidas (impuestos, operaciones comerciales, actuaciones medioambientales...) y para la pérdida del deterioro. Si finalmente ese bien no ha sufrido el deterioro esperado, esta provisión se revierte.

Los **beneficios procedentes de activos no corrientes** son ingresos que se producen cuando **la empresa vende un bien que no interviene directamente en la actividad de fabricación o del ciclo comercial o de venta.**

 EJEMPLO

Una fábrica de muebles vende uno de sus camiones por 35.000 €. En realidad, su actividad empresarial es la de fabricar y vender muebles. El dinero que obtiene de la venta del camión va al subgrupo 77. Beneficios procedentes de activos no corrientes e ingresos excepcionales, pues vender camiones no es la actividad comercial de dicha fábrica.

---

3. La curva ABC y el *stock*

 HILO CONDUCTOR

El gerente de Calzados Pisasuelos S. L. ha sido aconsejado por sus colegas de profesión de que para gestionar el *stock*, debe emplear las curvas ABC. Sin embargo, el gerente de Calzados Pisasuelos S. L. no sabe qué son. Por ello, decide investigar para conocer qué es la curva ABC y qué relación tiene con el *stock* para así poder aplicarla en su almacén.

Con tanta variedad y cantidad de artículos en un almacén es difícil determinar qué artículos deben ser los prioritarios en la venta, cuáles son más demandados o cuáles son más rentables.

La Ley de Pareto o regla del 80/20 dice que, estadísticamente, el 20 % de una muestra de población causa el 80 % de efecto. En términos empresariales, el 20 % del *stock* nos hace facturar el 80 % de la facturación total. Así que deberemos averiguar cuáles son los productos de ese 20 % que se convierten en el 80 % de facturación para focalizar las ventas en ellos y, en consecuencia, focalizar su ubicación y *layout* en el almacén.

Ley de Pareto. El 20 % de la causa provoca el 80 % de la consecuencia.

 **DEFINICIÓN**

Curva ABC

Es un análisis o método que se deriva de la Ley de Pareto o Ley 80/20, en la que diferencia la muestra o población en tres porcentajes; siendo A el 20 % de la muestra con mayor importancia o valor, B el 30 % de la muestra con una importancia o valor medio y C el 50 % del resto de la muestra con una importancia o valor bajo.

Continúa en página siguiente >>

<< Viene de página anterior

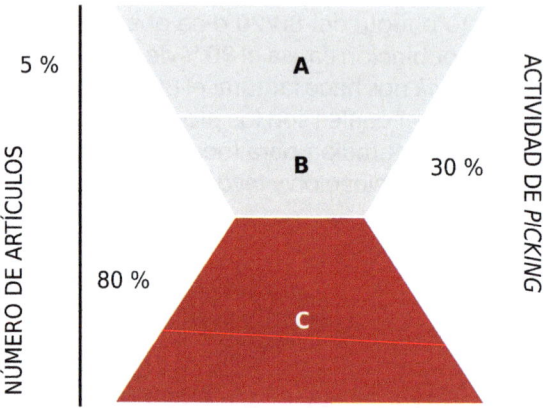

En la gestión de inventario o gestión de almacenes el análisis de la curva ABC nos indica, como regla general, que podemos clasificar y organizar los artículos en:

➲ **Categoría A:** en esta categoría va el 20 % de los productos con mayor valor económico o mayor importancia. Es decir, puede que un artículo no sea el más caro, pero sí el más demandado. La venta de estos artículos generará el 80 % de la facturación, aproximadamente.
El valor de un artículo no solo radica en su valor económico (precio) sino en otros aspectos, como su utilidad, el hecho de que esté de moda, el coste de adquisición, el coste de fabricación, el margen de beneficio, los factores de riesgo, como la fragilidad o la caducidad, etc., que hace que sea más solicitado por la demanda, aunque no sea el más caro.
Por ejemplo, un bazar chino vende un modelo de aspiradora a 75 €, mientras que el producto más demandado son las fundas de móviles a 2 € y los auriculares a 1,50 €. La aspiradora es más cara y con más valor económico, pero no es lo que más compra el tipo de cliente que visita ese establecimiento.

➲ **Categoría B:** en esta categoría va el 30 % de los productos que le siguen en valor económico o importancia a los de la categoría A, es decir, con un nivel de valor o importancia media. La venta de estos artículos generará el 15 % de la facturación, aproximadamente.

➲ **Categoría C:** en esta categoría va el 50 % de productos restantes, que tienen menos valor económico o importancia que los anteriores de las categorías A y B, es decir, con un nivel de importancia bajo. La venta de estos artículos generará tan solo el 5 % de la facturación, aproximadamente.

Estos porcentajes de las consecuencias o de los resultados que se van a obtener por cada categoría son aproximados u orientativos, pues dependerá de la actividad de la empresa.

El análisis ABC o curva ABC proporciona grandes **ventajas o beneficios** a la hora de aplicarlos, sobre todo en grandes almacenes:

- Fomenta el esfuerzo en la gestión de almacenes, sobre todo en proporción a los porcentajes ABC.
- Garantiza la actualización y optimización de los productos principales.
- Reduce el coste de compras innecesarias o no controladas.
- Focaliza la gestión del *stock* de manera proporcional en los porcentajes indicados en cuanto a importancia de artículos.
- Analiza los costes de los diferentes *stocks*.
- Optimiza las decisiones de compra a los proveedores.
- Prioriza la ubicación de los productos en el *layout* del almacén.

Al conocer los productos de cada categoría, estos se pueden organizar en base a ese criterio.

 EJEMPLO

Una perfumería tiene catalogados las colonias y perfumes como categoría A, los cosméticos como categoría B y la celulosa como categoría C. En el almacén, han dispuesto la mercancía ubicando la categoría A más cerca de la zona de exposición o venta y con mayor espacio; a continuación, un poco más alejados y con menos superficie, los de la categoría B; y al fondo del almacén y con menos superficie, los de la categoría C.

En las tiendas o zonas de exposición y venta, el stock se organiza siguiendo la curva ABC, colocando la categoría A en los puntos más transitados o accesibles y la categoría C en los que menos lo son.

Otras **ventajas indirectas** que se pueden concluir con la curva ABC son:

- ⮑ **Evalúa el rendimiento de los empleados o trabajadores:** en ocasiones, los trabajadores se encargan de diferentes áreas del almacén que pueden coincidir con los productos de la categoría A, B o C. Se puede destinar mayor número de trabajadores a gestionar el *stock* de las mercancías pertenecientes a la categoría A y menos a los de la categoría C.
- ⮑ **Clasifica a los clientes:** otorgando la distinción de mejores clientes a los que consumen productos de la categoría A que es la que proporciona mayor facturación.
- ⮑ **Mejora los procesos de venta:** porque se focalizan y priorizan los esfuerzos en base a las categorías.

La curva ABC nos ayuda a diferenciar y clasificar las mercancías en base al valor que estas aportan a nuestro negocio.

👁 EJEMPLO

Una tienda de ropa que vende faldas, pantalones, vestidos, camisas, blusas, camisetas, jerséis y, además, vende complementos, como cinturones, pañuelos y bolsos deberá focalizar sus esfuerzos de almacén y ventas en los productos de ropa, porque los accesorios son un complemento de las ventas, pero no es su venta principal.

4. La curva ABC del margen

☞ HILO CONDUCTOR

El gerente de Calzados Pisasuelos S. L. conoce que existe la curva ABC del *stock* y la del margen, así que decide comparar las dos para decidir en qué productos debe aplicar sus estrategias y esfuerzos.

Es usual hablar de la curva ABC de distintos aspectos que queramos estudiar o en los que queramos definir nuestra curva ABC; curva ABC de *stock*, curva ABC de clientes, curva ABC de entradas, curva ABC de salidas, etc.

La curva ABC se suele hacer periódicamente, ya que los valores económicos no son constantes. Pueden variar aumentando o disminuyendo las ventas de ciertos productos, pueden varias los costes, los precios de venta, los márgenes, etc. La curva ABC se puede realizar de manera mensual, trimestral, semestral, anual, etc., según se considere por el volumen de la actividad de la empresa.

Por tanto, los productos que pertenecen a cada categoría pueden ser diferentes según cuándo realicemos la curva ABC.

La curva ABC del margen es la curva ABC que se hace teniendo en cuenta como prioridad el valor del margen.

> En la categoría A se asigna el 20 % de los productos que nos dejan mayor margen.

> En la categoría B se asigna el 30 % de los productos que nos dejan menor margen que los de la categoría A, pero mayor que los de la categoría C, es decir, un margen intermedio.

> En la categoría C se asigna el 50 % o los productos restantes que dejan menor margen.

Para ayudarnos a entender esto, nos vamos a basar en la siguiente tabla de *Excel* como ejemplo:

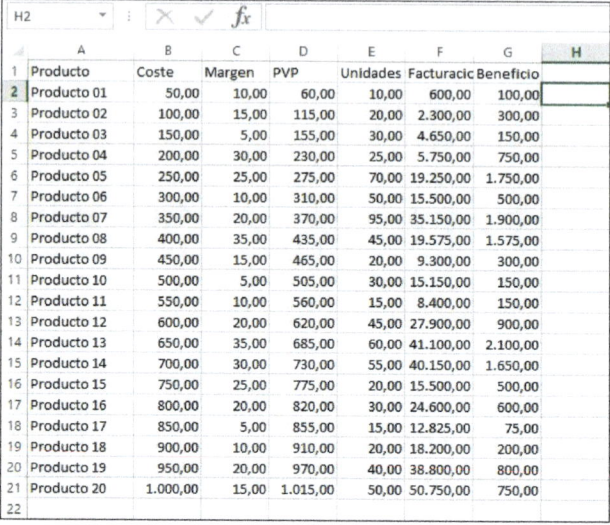

- En la columna A aparecen los nombres de los productos.
- En la columna B registramos el coste unitario de cada producto.
- En la columna C registramos el margen bruto de beneficio que se obtiene por unidad
- En la columna D calculamos el Precio de Venta al Público o el precio de venta si se trata de una empresa mayorista que vende a una empresa minorista. Es decir, la suma del coste más el beneficio.
- En la columna E se registra el número de unidades vendidas.
- En la columna F se calcula la facturación, es decir, las unidades vendidas por su precio.
- En la columna G se calcula el beneficio bruto obtenido, es decir, el margen bruto por las unidades vendidas.

En el caso que nos ocupa, como queremos calcular la curva ABC del margen, ordenaremos la columna C del margen de mayor a menor, quedando la tabla de la siguiente manera:

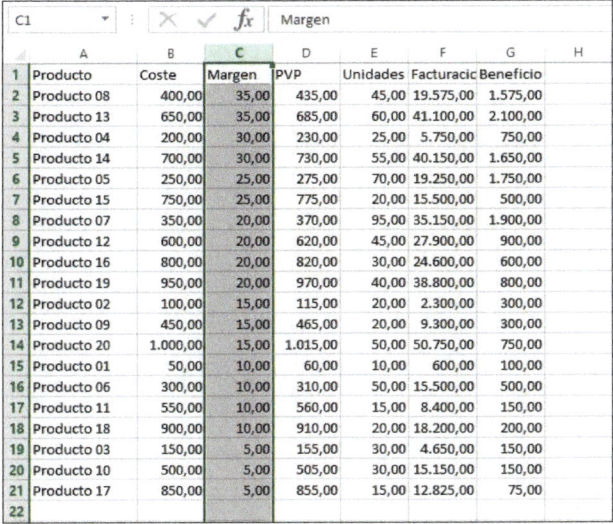

	A	B	C	D	E	F	G	H
C1			Margen					
1	Producto	Coste	Margen	PVP	Unidades	Facturacic	Beneficio	
2	Producto 08	400,00	35,00	435,00	45,00	19.575,00	1.575,00	
3	Producto 13	650,00	35,00	685,00	60,00	41.100,00	2.100,00	
4	Producto 04	200,00	30,00	230,00	25,00	5.750,00	750,00	
5	Producto 14	700,00	30,00	730,00	55,00	40.150,00	1.650,00	
6	Producto 05	250,00	25,00	275,00	70,00	19.250,00	1.750,00	
7	Producto 15	750,00	25,00	775,00	20,00	15.500,00	500,00	
8	Producto 07	350,00	20,00	370,00	95,00	35.150,00	1.900,00	
9	Producto 12	600,00	20,00	620,00	45,00	27.900,00	900,00	
10	Producto 16	800,00	20,00	820,00	30,00	24.600,00	600,00	
11	Producto 19	950,00	20,00	970,00	40,00	38.800,00	800,00	
12	Producto 02	100,00	15,00	115,00	20,00	2.300,00	300,00	
13	Producto 09	450,00	15,00	465,00	20,00	9.300,00	300,00	
14	Producto 20	1.000,00	15,00	1.015,00	50,00	50.750,00	750,00	
15	Producto 01	50,00	10,00	60,00	10,00	600,00	100,00	
16	Producto 06	300,00	10,00	310,00	50,00	15.500,00	500,00	
17	Producto 11	550,00	10,00	560,00	15,00	8.400,00	150,00	
18	Producto 18	900,00	10,00	910,00	20,00	18.200,00	200,00	
19	Producto 03	150,00	5,00	155,00	30,00	4.650,00	150,00	
20	Producto 10	500,00	5,00	505,00	30,00	15.150,00	150,00	
21	Producto 17	850,00	5,00	855,00	15,00	12.825,00	75,00	
22								

Como puedes observar, hemos ordenado los productos, colocando primero los que nos dejan mayor margen y por último los que nos dejan menor margen.

Calculando los porcentajes sobre 20 artículos, obtenemos que:

➲ **Categoría A:** el 20 % de 20 productos son 4 productos, en este caso los cuatro primeros.
➲ **Categoría B:** el 30 % de 20 productos son 6 productos, en este caso los seis siguientes.
➲ **Categoría C:** el 50 % de 20 productos son los 10 productos restantes.

Como puedes observar en la siguiente imagen quedaría:

➲ **Categoría A**, los productos 8, 13, 4 y 14 sombreados en rosa, con unos márgenes entre 30 € - 35 €.
➲ **Categoría B**, los productos 5, 15, 7, 12, 16 y 19 sombreados en naranja, con unos márgenes entre 20 € - 25 €.
➲ **Categoría C**, el resto de productos sombreados en lila, con unos márgenes entre 5 € - 15 €.

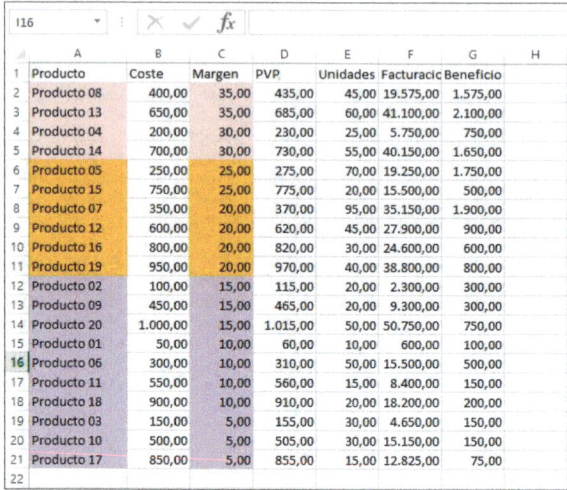

Por último, si dibujamos la curva ABC visualmente, en nuestro caso quedaría así:

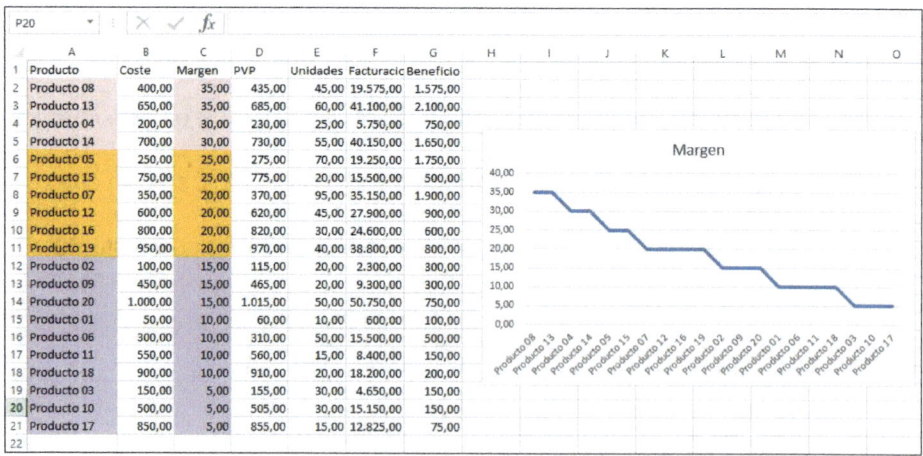

Como puedes observar, la curva es descendente, quedando al principio los productos que nos dan mayor margen, seguidos de los que dan un margen algo más inferior y finalizando con los productos que nos dan el menor margen de todos.

Una vez que conocemos estos resultados, ya sabemos cuáles son los productos que nos dan mayor margen y en cuáles debemos focalizar nuestras estrategias de venta.

TAREA 6

La empresa Calzados Pisasuelos S. L. tiene la siguiente tabla de Excel. ¿Podrías ayudar al gerente a calcular la curva ABC por margen? ¿Sabrías determinar qué productos pertenecen a cada categoría?

	A	B	C	D	E	F	G	H
	I12						f_x	
1	Producto	Coste	Margen	PVP	Unidades	Facturacion	Beneficio	Tasa rotación T1
2	A	30,00	15,00	45,00	50,00	2.250,00	750,00	1
3	B	200,00	10,00	210,00	20,00	4.200,00	200,00	3
4	C	25,00	10,00	35,00	15,00	525,00	150,00	4
5	D	150,00	5,00	155,00	30,00	4.650,00	150,00	3
6	E	175,00	5,00	180,00	15,00	2.700,00	75,00	5
7	F	20,00	15,00	35,00	20,00	700,00	300,00	7
8	G	40,00	30,00	70,00	25,00	1.750,00	750,00	1
9	H	75,00	25,00	100,00	20,00	2.000,00	500,00	6
10	I	10,00	35,00	45,00	45,00	2.025,00	1.575,00	2
11	J	2,00	15,00	17,00	20,00	340,00	300,00	9
12								

5. Indicadores de la rentabilidad del *stock*

☞ HILO CONDUCTOR

En Calzados Pisasuelos S. L. venden productos entre 09,50 € el más barato y 78,50 € el más caro. Tiene que vender muchos artículos para poder facturar lo suficiente para afrontar los gastos y obtener algo de ingresos. Al gerente le gustaría saber si la venta de sus productos es rentable y cuánto de rentable.

En logística, cuando hablamos de las mercancías nos gustaría saber si la compraventa es rentable o no.

Toda mercancía tiene un **precio de coste** (fabricación) **o de adquisición** (compra) y un **precio de venta** por el que se vende al cliente individual o cliente empresa. La diferencia entre el precio de venta y el precio de coste o adquisición es el **margen bruto de beneficio.**

Sin embargo, podemos encontrar un producto o artículo que cuenta con un amplio margen de beneficio, pero que no es el más vendido, y al contrario.

Esta circunstancia de desconocimiento de la rentabilidad del *stock* se puede resolver aplicando unos indicadores que nos van a ayudar a descubrirla.

El control del *stock,* el cómputo de las entradas y salidas, la realización de inventarios para conocer las existencias que están en nuestro almacén son imprescindibles para la gestión del almacén.

El objetivo general más importante en la gestión de *stock* es mantener un equilibrio económico, es decir, que no haya un exceso de mercancías pero que tampoco falten las mismas en el almacén. Dicho así, parece ideal, sin embargo, no siempre es posible debido a problemas de espacio, escasez o gran aumento de ventas, muchas referencias para registrar en las entradas, etc.

Tradicionalmente, en logística se empleaba la **técnica o metodología *push*** que consistía en tener el mayor número posible de mercancías y esperar a la suerte de venderlas. Dicho de otro modo, se compra el *stock* en base a lo que se planifica. Actualmente, predomina la **metodología *pull*** que consiste en focalizar las mercancías en los flujos del momento o flujos *just in time,* o lo que es lo mismo, gestionar los productos de manera óptima para enviarlos a las tiendas o clientes según las ventas. Dicho de otro modo, el *stock* se compra en base a la demanda.

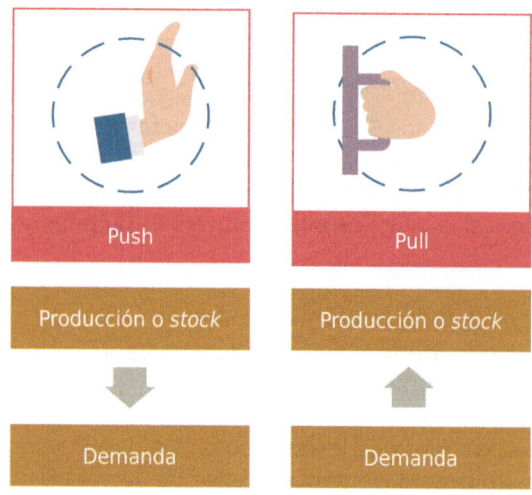

Los dos **indicadores de la rentabilidad del *stock*** son:

- ⤷ **La tasa de rotación:** es el indicador más utilizado. Mide la velocidad en la que se repone el *stock* (un producto o varios) en un período de tiempo.
- ⤷ **La tasa de cobertura:** es el indicador más adecuado para no quedarse desabastecido. Mide la cantidad de *stock* apropiado para cubrir la demanda.

5.1. La tasa de rotación

La tasa de rotación indica cuántas veces o con qué frecuencia se reaprovisiona ese producto.

 IMPORTANTE

La fórmula para calcular la tasa de rotación es la siguiente:

Tasa de rotación = Demanda total del período a analizar / Stock medio

La demanda total del período a analizar se puede determinar en valor económico al coste en unidades de venta. El *stock* medio se debe determinar en el mismo criterio que se haya seleccionado.

 EJEMPLO

Si, al trimestre, le damos salida a un *stock* valorado en 50.000 € a precio de coste y el valor medio de las existencias es de 25.000 €, la tasa de rotación se calcula en 50.000 / 25.000 = 2. Esto significa que el *stock* de ese artículo se renueva dos veces al trimestre.

Cuanto más alejado esté el valor de 1, significa que la rotación de dicho artículo es mayor.

Para ello, es necesario calcular el *stock* medio, ya que es uno de los datos que requiere la fórmula.

IMPORTANTE

La fórmula para calcular el *stock* medio es la siguiente:

> *Stock* medio = (*Stock* inicial + *Stock* final) / 2

Esta fórmula de cálculo del *stock* medio solo es válida si el período de tiempo es relativamente corto, también dependiendo del tipo de producto o actividad de la empresa.

Si el período que queremos analizar a la hora de calcular la tasa de rotación es más largo, entonces se deberá utilizar otra fórmula, ya que en dicho período habrá habido aumentos o disminuciones de dicho *stock*.

IMPORTANTE

La fórmula para calcular el *stock* medio para períodos de tiempo más largos es la siguiente:

> *Stock* medio = $\sum$ [(ai + bi) * ti / 2] / n

Siendo:

- (a_i el nivel máximo del *stock*.
- (b_i el nivel mínimo del *stock*.
- (t_i el tiempo intermedio de reaprovisionamiento.
- n el período total sobre el que estamos calculando la tasa de rotación.

TAREA 7

Una empresa desea calcular el *stock* medio para así poder calcular la tasa de rotación desde enero hasta julio en base a los siguientes datos:

Subperíodo	A *(stock* máximo)	B *(stock* mínimo)	T (meses)
1 (ene – feb – mar)	500	150	3
2 (abr – may)	600	350	2
3 (jun – jul)	550	150	2

Calcula el *stock* medio en base a esos datos.

- -

De las unidades de medida se pueden escoger las que uno considere necesario o más útil. Por ejemplo, el tiempo se puede medir en días, semanas o meses.

El *stock* máximo y mínimo se puede medir en valor económico (euros) o en unidades de artículos. Este segundo criterio es solo aconsejable cuando los precios de los productos son muy parecidos o están dentro de un intervalo económico. Es el caso de los bazares cuyos artículos oscilan entre precios que rondan alrededor de 2 €, o una tienda de ropa donde la mayoría de los artículos tienen un precio entre 20 € - 30 €, por ejemplo.

Cuánto más alta sea la tasa de rotación del *stock,* significa que la empresa tiene un alto rendimiento.

Otro indicador de la rentabilidad del *stock* es la tasa de cobertura que indica cuál es la cantidad de *stock* apropiado para abastecer a toda nuestra demanda.

IMPORTANTE

La fórmula para calcular la tasa de cobertura es la siguiente:

Continúa en página siguiente >>

<< Viene de página anterior

Tasa de cobertura = Stock promedio / demanda promedio

5.2. La tasa de cobertura

La tasa de cobertura es ideal cuando se tiene una demanda muy variada o muy diversificada, por ejemplo, en muchos países si la empresa es internacional o en muchas provincias o estados a una escala nacional.

6. Curva ABC de la rotación de *stock*

 **HILO CONDUCTOR**

El gerente de Calzados Pisasuelos S. L. es conocedor de que existen unos productos que se venden más que otros. En el almacén hay productos que llevan tiempo sin venderse y que se van a pasar de moda. Hace mucho tiempo que los compró y no recuerda el precio que le costaron. Quiere aprender a medir la rotación de los productos para así poder adoptar estrategias al respecto.

La tasa de la rotación del *stock* nos indica cuántas veces se repone o se reaprovisiona ese *stock* en un período de tiempo determinado.

 **RECUERDA**

La fórmula para calcular la tasa de rotación es la siguiente:

Tasa de rotación = Demanda total del período a analizar / **Stock** medio

Continúa en página siguiente >>

<< Viene de página anterior

La demanda total son las ventas realizadas. La demanda o ventas se pueden calcular por las unidades de mercancías vendidas, en cuyo caso el **stock** medio también vendrá en unidades de mercancías, o en unidades monetarias (euros) a valor de coste (no de ingresos), en cuyo caso el **stock** medio irá en unidades monetarias (euros) al coste. El resultado obtenido es el número de veces que se renueva o se reaprovisiona el **stock** de dicho artículo.

– –

En la siguiente imagen, puedes observar que hemos añadido la **columna H** denominada **Tasa de rotación del Trimestre 1**, que abarca los meses de enero, febrero y marzo.

	A	B	C	D	E	F	G	H
1	Producto	Coste	Margen	PVP	Unidades	Facturacion	Beneficio	Tasa rotación T1
2	Producto 01	50,00	10,00	60,00	10,00	600,00	100,00	2
3	Producto 02	100,00	15,00	115,00	20,00	2.300,00	300,00	8
4	Producto 03	150,00	5,00	155,00	30,00	4.650,00	150,00	5
5	Producto 04	200,00	30,00	230,00	25,00	5.750,00	750,00	8
6	Producto 05	250,00	25,00	275,00	70,00	19.250,00	1.750,00	6
7	Producto 06	300,00	10,00	310,00	50,00	15.500,00	500,00	1
8	Producto 07	350,00	20,00	370,00	95,00	35.150,00	1.900,00	2
9	Producto 08	400,00	35,00	435,00	45,00	19.575,00	1.575,00	7
10	Producto 09	450,00	15,00	465,00	20,00	9.300,00	300,00	7
11	Producto 10	500,00	5,00	505,00	30,00	15.150,00	150,00	11
12	Producto 11	550,00	10,00	560,00	15,00	8.400,00	150,00	12
13	Producto 12	600,00	20,00	620,00	45,00	27.900,00	900,00	1
14	Producto 13	650,00	35,00	685,00	60,00	41.100,00	2.100,00	5
15	Producto 14	700,00	30,00	730,00	55,00	40.150,00	1.650,00	4
16	Producto 15	750,00	25,00	775,00	20,00	15.500,00	500,00	8
17	Producto 16	800,00	20,00	820,00	30,00	24.600,00	600,00	6
18	Producto 17	850,00	5,00	855,00	15,00	12.825,00	75,00	10
19	Producto 18	900,00	10,00	910,00	20,00	18.200,00	200,00	14
20	Producto 19	950,00	20,00	970,00	40,00	38.800,00	800,00	4
21	Producto 20	1.000,00	15,00	1.015,00	50,00	50.750,00	750,00	15
22								

Al igual que vimos en la curva ABC del margen, en esta ocasión ordenamos de mayor a menor la columna H de Tasa de rotación T1.

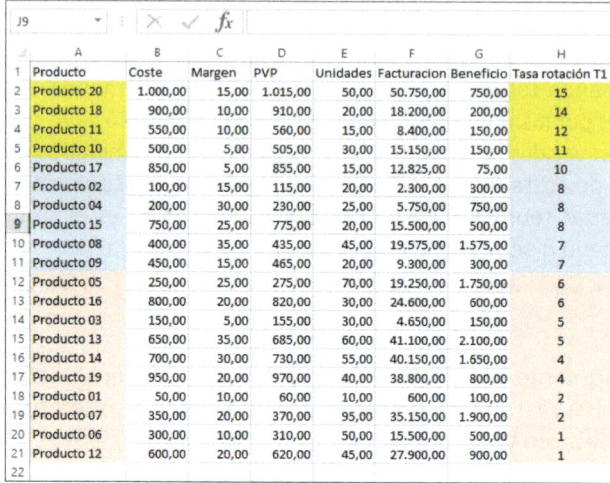

Como puedes ver, al ordenar los artículos de mayor a menor rotación, la curva ABC de la rotación queda como sigue:

➲ **Categoría A:** los productos 20, 18, 11 y 10, con una rotación entre 11 y 15 veces al trimestre.
➲ **Categoría B:** los productos 17, 2, 4, 15, 8 y 9, con rotaciones entre 7 y 10 veces al trimestre.
➲ **Categoría C:** el resto de productos, con una rotación entre 1 y 6 veces por trimestre.

Si representamos la gráfica, vemos que la curva es **descendente,** siendo los primeros productos los que representan mayor rotación y los últimos los que representan menor rotación.

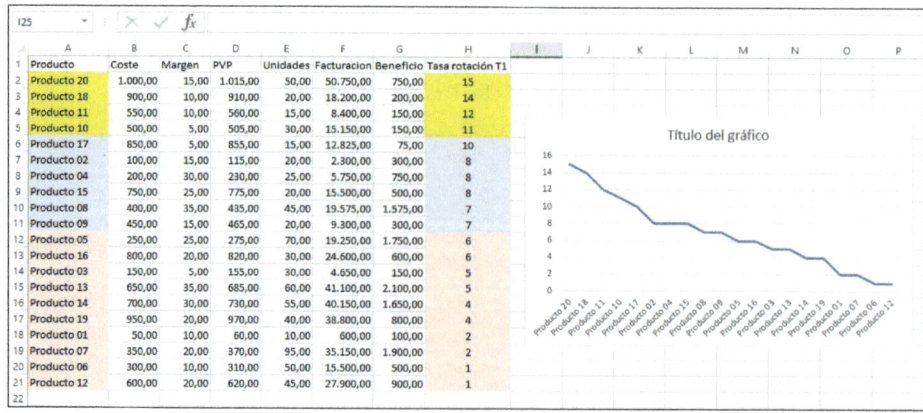

En el mundo de la logística podemos hablar de rotación alta y rotación baja. Sin embargo, no existe un número concreto que diferencie estos intervalos. Dependerá del período de tiempo que estemos midiendo y del tipo de producto. Decir que un artículo tiene una rotación de 3 significa que ese producto se reaprovisiona 3 veces, pero puede ser al año, al mes o a la semana. Al mismo tiempo, no es igual hablar de un artículo de lujo que de un artículo de primera necesidad, pues los primeros se reponen con menos frecuencia que los segundos. Por tanto, la percepción de rotación alta o baja es subjetiva en cada empresa dependiendo de sus temporadas de actividad, del tipo de producto y del período de tiempo al que se refiera la rotación.

Una rotación alta...	Una rotación baja...
... indica que las ventas son muy buenas, pero al mismo tiempo, conlleva una gestión pormenorizada del almacén, ya que los productos se renuevan con mucha frecuencia y el trabajo en el almacén es más complejo, ya que existen tareas de preparación de pedidos, manipulación de mercaderías, control de entradas y salidas, etc.	... significa que puede haber un stock excesivo, motivo por el que no se vende, corriendo el riesgo de aumentar los costes de almacenamiento y el riesgo de que las mercancías queden obsoletas, por no hablar de caducidad en los productos de este tipo. Para no llegar a estas circunstancias, las empresas tratan de dar salida a este exceso de stock mediante ofertas, descuentos u otras estrategias de venta.

 RECUERDA

La curva ABC del margen organiza los productos por orden desde los que tienen mayor margen a los que tienen el margen menor, categorizándolos así en los grupos A, B o C y focalizando las estrategias en esa prioridad.

7. Las ventas cruzadas del *stock*

 **HILO CONDUCTOR**

En Calzados Pisasuelos S. L. los productos están colocados en estanterías para que los cojan los clientes y paguen en caja. Los reponedores, además de reponer el producto, responden a las preguntas de los clientes. En caja, simplemente se limitan a cobrar. El gerente se pregunta cómo aumentar las ventas para que los clientes compren más productos en el mismo proceso de compra.

Con el fin de aumentar las ventas del *stock*, no solo hay que vender las mercancías o artículos en sí, con las características y prestaciones que cada uno proporciona, sino que hay que tratar de vender el mayor número o variedad de artículos de los que disponemos en el almacén.

DEFINICIÓN

Venta cruzada
Es aquella estrategia de venta que trata de vender varios artículos que están relacionados o son complementarios entre sí. En inglés se denomina *cross-selling*.

La estrategia consiste en **ofrecer al cliente productos complementarios al producto principal que el cliente demanda**. Esto hace que optimicemos las ventas y aumenten los ingresos. No se trata de ofrecer productos por ofrecer, sino de ofrecer aquellos productos que complementan al producto principal, convirtiendo el proceso de compra en una experiencia satisfactoria para el cliente, al ver que se satisfacen todas sus necesidades. Los artículos que complementan al producto principal lo hacen porque presentan prestaciones, valores y calidades que aumentan la valía del producto principal.

👁 EJEMPLO

En la venta de un dispositivo móvil se puede ofrecer además, la funda, el seguro, un soporte e incluso una batería externa para llevar aparte. Si el cliente compra todo este *pack* de artículos, tendrá la sensación de haber realizado una buena compra porque ha adquirido "todo lo que necesita" para tener, mantener y cuidar su nuevo móvil. Al mismo tiempo, este proceso de compra contribuye al aumento de ingresos económicos en la empresa.

La venta cruzada, al ser una estrategia, **debe estar planificada** para que todos los vendedores directos ofrezcan todos los productos complementarios al producto principal. De este modo, todas las tiendas o puntos de venta ofrecen esos mismos productos o servicios a los clientes.

👁 EJEMPLO

Una agencia de viajes, dedicada en este caso al sector servicios, ofrece paquetes vacacionales a Mallorca, que incluyen traslado en avión, noches de hotel y régimen alimenticio de media pensión. A la hora de la venta de estos paquetes, ofrecen a los clientes la posibilidad de alquilar un coche, de contratar un seguro de viaje y contratar excursiones organizadas por la isla. Si esta agencia cuenta con varias sucursales en España, es lógico pensar que en cualquiera de ellas el agente de viajes va a ofrecer dichos servicios a los clientes.

Existe otra técnica de venta que se confunde, a veces, con el *cross-selling* o venta cruzada, llamada *upselling*.

El *upselling* consiste en **ofrecer al cliente el producto más rentable,** no significa el más caro, dentro del producto principal.

 **EJEMPLO**

Una tienda de electrodomésticos vende lavadoras. Ofrece un modelo muy caro con las prestaciones más punteras del mercado, y otro modelo más barato que, en breve, será descatalogado y no quiere que se quede en almacén como *stock* muerto. A todos los clientes que preguntan por lavadoras, les ofrecen estas dos alternativas. Una por rentabilidad económica que cuenta con mayor margen de beneficio y la otra para salvar el coste inicial de cuando se adquirió en almacén y el coste que supondrá su no venta y almacenamiento.

No se debe confundir la venta cruzada o *cross-selling* con el *upselling*.

La venta cruzada o *cross-selling* trata de vender productos complementarios al producto principal. El *upselling* trata de vender la gama alta o más rentable por el motivo que sea del producto principal.

 ACTIVIDAD COMPLEMENTARIA

3. En el siguiente enlace vas a leer un artículo en el que se explican las técnicas *cross-selling* y *up-selling* en el sector hotelero. ¿Qué otros servicios o productos propondrías para que el huésped consuma e ingrese más dinero el hotel?

https://redirectoronline.com/coml016po0201

Otros **beneficios de la venta cruzada,** además del aumento de ingresos, son:

- **Aumento de ventas:** no solo en lo que a ingresos monetarios se refiere, sino a un mayor número y variedad de artículos, lo que hace que, en consecuencia, aumente la rotación del *stock* en almacén.
- **Optimización de costes:** cuando se realiza el pedido de varios productos, es más barato que hacer diferentes pedidos de distintos productos, pues se ahorra en gastos de envío cuanto mayor sea el pedido al proveedor.
- **Fidelización del cliente:** el cliente se siente satisfecho porque aprecia que todas sus necesidades y deseos son cubiertos en un solo proceso de compra.
- **Mejor conocimiento del público:** al tratarse de un proceso de compraventa más completo, se conoce de modo más exhaustivo el comportamiento de los clientes, los inconvenientes que muestran ante un artículo concreto, etc., lo que hace que se perfeccione y se planifique mejor el proceso de compraventa.
- **Salida o venta de artículos menos conocidos:** en ocasiones, podemos vender artículos que son menos conocidos por parte del cliente, pero con el motivo de la compra de un artículo concreto, al ser un producto complementario, se aprovecha el momento para darlo a conocer.
- **Mejor experiencia del consumidor o cliente:** al ser un proceso de compra tan completo, el cliente lo percibe como una mejor experiencia.

APLICACIÓN PRÁCTICA

A continuación, se presentan distintas situaciones de venta en las que debes indicar si en cada caso se utilizan técnicas de venta *cross-selling* o *upselling*.

a. Un vendedor de un coche automovilístico ofrece el mismo modelo, más caro, que incluye GPS, control de velocidad, faros láser y wifi.

b. Un restaurante de comida rápida ofrece patatas, ensalada, postre y bebida a los clientes que demandan hamburguesas.

c. Un vendedor ofrece calcetines, mallas, camisetas y sudaderas a todos los clientes que demandan zapatillas de *runner* o corredor.

d. Una peluquera ofrece a los clientes que van a cortarse el pelo champús, mascarillas capilares y aceite capilar.

e. Un vendedor de grifos ofrece a todos los clientes que demandan grifos de cocina un modelo que es giratorio, trae manguera extraíble, tres posiciones de salida, con funcionamiento mediante detector de presencia o movimiento.

Continúa en página siguiente >>

<< Viene de página anterior

Solución

El *upselling* trata de vender aquello que a la empresa le interesa dentro del producto que demanda el cliente. En este caso, las opciones a y e están ofreciendo modelos mejorados que ofrecen muchas más prestaciones y características que los modelos más básicos o inferiores.

El *cross-selling* trata de vender productos complementarios al producto principal que demanda el cliente. En este caso, las situaciones b, c y d ofrecen productos complementarios al producto o servicio principal solicitado por el cliente.

---

8. Las matemáticas y la profundidad del *stock*

☞ HILO CONDUCTOR

El gerente de Calzados Pisasuelos S. L. siempre ha pensado que exponer la mayor parte del producto en la zona de ventas y ampliar el horario comercial era una buena gestión para incrementar las ventas. Es consciente de que en su *stock* hay mucho surtido o variedad de productos, pero solo hay una o dos marcas de cada uno de ellos.

Ha asistido a unas charlas empresariales en las que ha aprendido la importancia que tienen las matemáticas en la gestión de *stocks*, al mismo tiempo que le han enseñado los conceptos de amplitud y profundidad.

Cuando una empresa se marca unos objetivos empresariales o económicos, una de las principales características de los mismos es que deben ser **medibles** o **cuantificables.** De ahí, la importancia de las **matemáticas** y los números.

Las matemáticas son una ciencia que permite, mediante fórmulas y funciones, obtener resultados objetivos desde datos objetivos.

No podemos dejar un objetivo indefinido, sin medición y sin que se pueda evaluar si se ha logrado o no.

 EJEMPLO

El objetivo "aumentar los seguidores en la red social *Facebook*", se puede concretar por "aumentar a 1.500 seguidores en la red social *Facebook*". De este modo se puede saber si se ha conseguido o no el objetivo, si nos hemos quedado cerca o lejos, por debajo o por encima.

En las estrategias de venta esta concreción de objetivos para su medición es muy importante.

 EJEMPLO

Objetivos medibles en las ventas son:

"Aumentar las ventas un 10 % respecto al año o período anterior", "aumentar la facturación en 100.000 € respecto al año o período anterior", "aumentar las ventas en 10.000 artículos más que el año o período anterior", etc.

Todos los estudios de mercado apuntan más a una cuestión de matemáticas, economía, contabilidad, etc. que a la suerte o el azar para obtener un éxito empresarial.

Actualmente, en el área de recursos humanos existe una clara tendencia a la valoración de las habilidades blandas o sociales del individuo, como son la comunicación, el trabajo en equipo, la actitud positiva, la resolución de problemas, la puntualidad, la creatividad, la facilidad de adaptación, etc. Sin embargo, a la hora de saber el estado económico y financiero de una empresa, los números son los que mandan. Las ventas, el rendimiento, el margen de beneficio, los costes, etc. se traducen en números.

Por este motivo, las estrategias de ventas deben estar perfectamente planificadas.

DEFINICIÓN

Habilidades blandas

Las habilidades blandas son las habilidades sociales referidas a la comunicación, la actitud, la convivencia, etc. en el entorno laboral, generalmente, comunes en todos los puestos de trabajo. Las habilidades duras son las destrezas específicas para un puesto de trabajo, por ejemplo, conocimientos de un idioma concreto, de un programa informático concreto, conocimientos de geografía, pedagogía, etc., más relacionados con titulaciones, cursos, formación, etc. Una habilidad blanda es "saber trabajar en equipo", una habilidad dura es "saber inglés B2".

Las matemáticas nos ayudan a detectar dónde debemos hacer los esfuerzos. Algunos ejemplos son:

- **En qué tipos de clientes:** es posible que debamos centrar nuestros esfuerzos en los clientes que menos consumen para incrementar sus compras, o que queramos centrar dicho esfuerzo en los que más consumen, por la seguridad que nos reportan.
  Podemos segmentar los clientes por el volumen de compras, esto es, en varios grupos o niveles desde los que más consumen o gastan a los que menos lo hacen.
- **Determinar los costes:** además de los costes de producción, adquisición o compra, existen otros costes que asume la empresa, como pueden ser los costes de alquiler, costes de suministros (agua, luz o gas), costes de personal o recursos humanos, costes financieros, impuestos,

etc. A cada producto se le debería asignar una parte de esos costes para así calcular el margen de beneficios neto. Es decir, al precio de venta al público, hay que restarle el coste del producto, hay que quitarle la parte proporcional de cada gasto, descontar impuestos, etc. y así determinar el margen de beneficio neto. Esta asignación de costes a cada producto la realiza la contabilidad analítica de costes.

⮑ **Determinar en qué invertir el dinero:** cuando la empresa obtiene como resultado final beneficios, debe decidir qué hacer con ellos. Las opciones son variadas, desde repartir beneficios (totales o parciales) entre accionistas, comprar nueva maquinaria, mobiliario o cualquier otro activo, impartir cursos de formación para los trabajadores, etc. Destinando diferentes porcentajes según prioridades.

⮑ **Determinar el umbral de rentabilidad, punto muerto o punto de equilibrio:** esta fórmula permite determinar en qué punto de las ventas los ingresos y los costes son iguales. En este punto no se obtienen ni pérdidas ni ganancias. Es el mínimo que hay que vender para no tener pérdidas. A partir de la venta de ese mínimo, el resto de ventas lo que proporciona son ganancias.

⮑ **Calcular el coste de ventas o de captación de clientes:** supone calcular el coste que conllevan todas aquellas acciones o esfuerzos enfocados a la captación de clientes. Por ejemplo, los costes de publicidad, *marketing* directo o indirecto, *merchandising,* etc.

⮑ **El retorno de la inversión** (ROI o *return on investment):* la ganancia generada por los clientes.

⮑ **El coste de la pérdida de un cliente:** es el coste relacionado con la acción de perder a un cliente. Dependiendo de cuál sea el motivo, puede conllevar más o menos coste. No solo es el hecho de dejar de ingresar una venta, a veces, la mala fama que ese cliente descontento va propagando entre su entorno cercano y sus redes sociales implica que otros clientes reales o potenciales dejen de comprar el producto o servicio, pues la empresa desconoce el liderazgo o influencia que el cliente puede ejercer en sus allegados. En muchas ocasiones, estos costes van ligados a los costes de la no calidad, es decir, los costes por no haber hecho bien las cosas.

 RECUERDA

Las matemáticas sirven para calcular índices, tasas, ratios, etc., mediante la aplicación de fórmulas y funciones ya determinadas. Actualmente, la mayoría de los sistemas informáticos de gestión de almacenes traen opciones mediante botones, tablas y listados para calcular aquello que es más habitual en el sector de la logística.

Otro de los problemas o inconvenientes con los que se lucha a diario en la gestión del almacén es la **profundidad** del *stock*.

Para hablar de ello, debemos hablar de dos términos: amplitud y profundidad.

La **amplitud** son las familias, es decir, el conjunto de productos que se agrupan en una misma familia por tener unas características y prestaciones muy similares. Se pueden agrupar por categorías, familias, subfamilias, etc. Cuantas más familias se tiene, más amplio es el *stock*, más amplitud tiene el *stock*.

 EJEMPLO

En un supermercado encontramos familias de bollería, lácteos, pasta, cereales, chocolates, etc. Dependiendo de las familias, el *stock* del supermercado tendrá mayor o menor amplitud.

La profundidad es el número de referencias diferentes que encontramos dentro de una familia.

 EJEMPLO

En el supermercado anterior, dentro de la familia chocolates, encontramos chocolate negro, con leche, blanco, relleno de fresa, de naranja, de menta, con almendras, con avellanas, con nueces, de 200 g, de 300 g, chocolatinas en barritas, chocolate en polvo, chocolate líquido, chocolate para postres, etc. Dependiendo del número de referencias variadas, el *stock* del supermercado tendrá mayor o menor profundidad.

La combinación de la amplitud y la profundidad del *stock* darán lugar a los distintos tipos de empresas y almacenes, así como su nivel de especialización:

Mucha amplitud y mucha profundidad
- El *stock* que cuenta con muchas familias de productos y muchas referencias de cada una es típico de grandes superficies, grandes almacenes, hipermercados y/o supermercados.

Poca amplitud y mucha profundidad
- El *stock* que cuenta con pocas familias, pero muchas referencias dentro de cada familia, es típico de tiendas especializadas.

Mucha amplitud y poca profundidad
- El *stock* con muchas familias y pocas referencias dentro de cada una es típico de tiendas de autoservicios, tiendas de descuento, bazares o las que en España se conocen como "chinos" (por estar regentados en su mayoría por este colectivo) o "chollos".

Poca amplitud y poca profundidad
- El *stock* con pocas familias y pocas referencias dentro de cada una es típico de puestos de un mercado, puestos ambulantes o tiendas de barrio.

 APLICACIÓN PRÁCTICA

A continuación, se presentan distintos tipos de establecimientos. Indica qué combinación de amplitud y profundidad es más probable que presenten.

- **Bazar Todo a 1 €.**
- **El puesto de olivas del mercadillo.**
- **Lidl**
- **Sprinter**
- **Papelería situada en un barrio de clase económica media.**

- **Bricorama**
- **Decathlon**
- **El Corte Inglés**
- **Carrefour**
- **Modas Pepi, situado en una calle aledaña a la avenida principal.**

Solución

- El Corte Inglés: mucha amplitud y mucha profundidad.
- Sprinter: poca amplitud y mucha profundidad.

Continúa en página siguiente >>

<< Viene de página anterior

- Carrefour: mucha amplitud y mucha profundidad.
- Decathlon: poca amplitud y mucha profundidad.
- Modas Pepi, situado en una calle aledaña a la avenida principal: poca amplitud y poca profundidad.
- Bazar Todo a 1 €: mucha amplitud y poca profundidad.
- Lidl: mucha amplitud y mucha profundidad.
- Bricorama: poca amplitud y mucha profundidad.
- El puesto de olivas del mercadillo: poca amplitud y poca profundidad.
- Papelería situada en un barrio de clase económica media: poca amplitud y poca profundidad.

9. Resumen

La gestión del *stock* repercute directamente en los beneficios de una empresa.

El *stock* del almacén se agrupa en distintas clasificaciones según criterios:

- Según su función, encontramos el *stock* activo, de seguridad, de alerta, estacional, inactivo o muerto, en tránsito y especulativo.
- Según la durabilidad, existe el *stock* perecedero, no perecedero y con fecha de caducidad.
- Según la organización operativa de la empresa, hay *stock* óptimo, cero, físico, neto, disponible, mínimo y máximo.

Los ingresos que entran en una empresa están clasificados según el criterio del Plan General de Contabilidad:

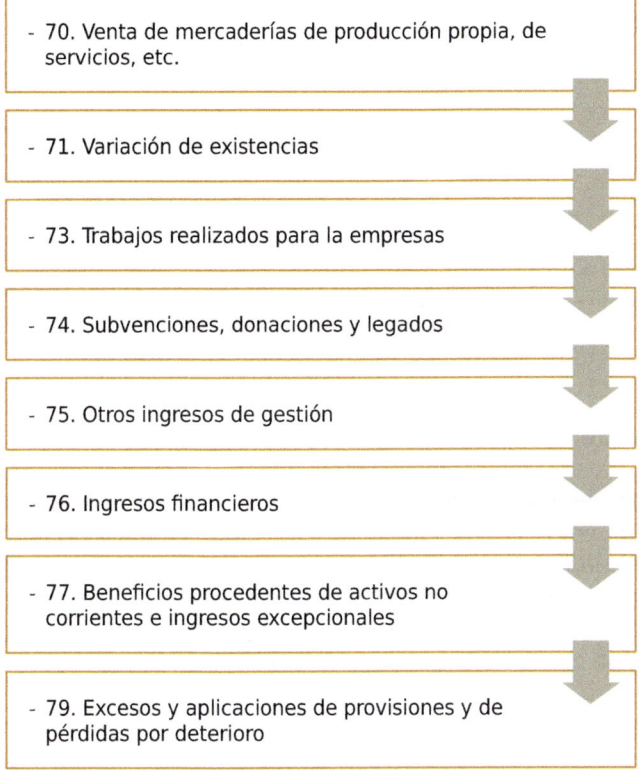

- 70. Venta de mercaderías de producción propia, de servicios, etc.

- 71. Variación de existencias

- 73. Trabajos realizados para la empresas

- 74. Subvenciones, donaciones y legados

- 75. Otros ingresos de gestión

- 76. Ingresos financieros

- 77. Beneficios procedentes de activos no corrientes e ingresos excepcionales

- 79. Excesos y aplicaciones de provisiones y de pérdidas por deterioro

La curva ABC es una herramienta muy importante en la gestión de *stocks*, ya que ayuda a conocer en qué productos centrar los esfuerzos y las estrategias, y proporciona muchas ventajas en su gestión. La curva ABC, basada en la Ley de Pareto 80/20, dice que unos porcentajes de productos (causas) ocasionan otros porcentajes en las ventas (consecuencias), quedando, en general, de la siguiente manera, aunque depende de cada actividad empresarial:

- **Categoría A:** es el 20 % de productos que generan el 80 % de facturación.
- **Categoría B:** es el 30 % de los productos que generan el 15 %.
- **Categoría C:** es el 50 % de productos que generan solo el 5 % de la facturación.

Estas curvas ABC pueden ser del *stock,* del margen o de la rotación. La manera de calcularla es la misma, solo que se escoge como parámetro el que deseamos obtener, es decir, las ventas, el margen o la rotación. Así, centramos las estrategias en los productos que más se venden (curva ABC del *stock),* de los que más margen tenemos (curva ABC del margen) o en los que mayor rotación hay (curva ABC de la rotación de *stock).*

Para saber la rentabilidad del *stock,* se utilizan dos índices principales:

Tasa de rotación
- Para saber cuántas veces se reaprovisiona el producto.

Tasa de cobertura
- Para saber si tenemos suficiente stock para cubrir las necesidades de pedido de los clientes individuales o clientes empresa y así no quedarnos desabastecidos de producto.

Para incrementar las ventas, se utilizan dos técnicas.

- ⮡ *Cross-selling* **o ventas cruzadas:** consiste en ofrecer productos complementarios al producto principal que demanda el cliente.
- ⮡ *Upselling:* se trata de vender el producto según convenga a la empresa, siendo el producto principal que demanda el cliente, por ejemplo, la gama más alta o el producto que nos interesa vender para "quitárnoslo de en medio" o "deshacernos de él".

Por último, cabe recalcar que la gestión de *stock* y, en consecuencia, el incremento de ventas, no es algo que dependa de la suerte o del transcurso del tiempo. Es una actividad que requiere la aplicación y análisis a través de fórmulas matemáticas que nos proporcionan datos y resultados objetivos. Existen sistemas informáticos que nos ayudan a registrar las entradas y salidas de las referencias de los productos, conociendo así la amplitud y profundidad del *stock* y las características de nuestro negocio.

Ejercicios de autoevaluación
Unidad de Aprendizaje 2

1. El *stock* que no se puede vender y hay que deshacerse de él se denomina:

   a. *Stock* inactivo.
   b. *Stock* perecedero.
   c. *Stock* cero.
   d. *Stock* neto.

2. Los ingresos que provienen de movimientos con entidades bancarias se denominan, según el PGC:

   a. Subvenciones, donaciones y legados.
   b. Ingresos de gestión.
   c. Ingresos financieros.
   d. Beneficios procedentes de activos no corrientes e ingresos excepcionales.

3. En la curva ABC, la categoría que genera el 80 % de los efectos es la:

   a. Categoría A.
   b. Categoría B.
   c. Categoría C.
   d. Las tres categorías, por eso se llama ABC.

4. Los porcentajes causales de la curva ABC son:

   a. 50 % - 40 % - 10 %
   b. 80 % - 15 % - 5 %
   c. 20 % - 30 % - 50%
   d. 30 % - 40 % - 30 %

5. La curva ABC del margen focaliza en:

   a. El coste de los productos.
   b. El precio de venta de los productos.
   c. La rotación de los productos.
   d. El margen de los productos.

6. El margen de un producto es:

   a. El precio que debemos pagar al proveedor.
   b. El precio que debemos cobrar al cliente.
   c. La diferencia entre el precio de venta y el coste del producto.
   d. El número de unidades vendidas de un mismo producto.

7. La tasa de rotación indica:

   a. Las veces de reaprovisionamiento de un producto.
   b. Las veces que se cambia el producto de sitio en el almacén.
   c. Las veces que se cambia el producto de sitio en la zona de venta.
   d. Las veces que devolvemos mercancía deteriorada al proveedor.

8. Para calcular la tasa de rotación y la tasa de cobertura, se necesita:

   a. El *stock* cero.
   b. El *stock* activo.
   c. El *stock* neto.
   d. El *stock* medio.

9. La venta cruzada consiste en:

   a. Hacer que el cliente se gaste todo lo posible.
   b. Ofrecer productos complementarios al producto principal.
   c. Ofrecer la gama alta del producto solicitado.
   d. Ofrecer el producto a precio neto o de coste.

10. Cuando se habla de profundidad en logística, se refiere a:

   a. La profundidad del almacén.
   b. El interior de la zona de venta.
   c. El número de referencias dentro de una familia de productos.
   d. El número de familias o grupos que forman el *stock*.

Márgenes, beneficios y *stock*

Contenido

Objetivos

El objetivo general de esta Unidad de Aprendizaje es:

→ Reconocer los gastos y costes de la gestión de *stock* para tomar decisiones respecto a los mismos.

Los objetivos específicos de esta Unidad de Aprendizaje son:

→ Describir las variables que determinan los costes de almacenamiento, como el coste administrativo, el coste de espacio, el coste de obsolescencia, el coste de deterioro, etc.

→ Diferenciar entre costes y gastos del *stock*.

→ Distinguir entre gastos generales y gastos del *stock*.

→ Saber los diferentes métodos de cálculo del *stock* medio.

1. Introducción

En la gestión del almacén es importante conocer cuál es el coste de un producto o servicio.

El precio de venta de un producto o servicio viene determinado por dos componentes: el coste y el margen de beneficio que se desea cargar.

Al mismo tiempo, el precio de venta no puede ser muy excesivo con respecto a la competencia del mercado.

Por ejemplo, tomarse un refresco en un bar tiene un precio aproximado en un intervalo de entre 2 € - 6 €, dependiendo del bar, discoteca o establecimiento en el que estemos consumiendo dicho refresco. Sería impensable que nos cobrasen 400 € por bebernos un refresco, por muy bien que fuésemos atendidos por el camarero y por muy bonita que fuese la decoración del local, incluso ubicado en una zona lujosa. Ese precio estaría fuera del mercado, ya que nadie de la competencia se mueve en esos niveles.

Por tanto, debemos saber el coste de un producto para intentar reducirlo al máximo posible y así cargar el mayor beneficio que nos podemos permitir, sabiendo que debemos determinar un precio de venta asequible para el consumidor y acorde con la competencia.

Para aprender la importancia de los costes en la gestión del *stock*, vamos a continuar centrándonos en el caso de la empresa Calzados Pisasuelos S. L., la zapatería minorista que vende todo tipo de calzado de vestir infantil y de adulto, tanto en una nave que posee a la afueras de una ciudad como vía internet a través de su página web <www.pisasuelos.com>.

2. Los gastos del negocio

 **HILO CONDUCTOR**

El gerente de Calzados Pisasuelos S. L. no obtiene el beneficio esperado, a pesar de que las ventas van bien en cuanto a las previsiones realizadas.

Continúa en página siguiente >>

<< Viene de página anterior

Un amigo le ha comentado que quizá se deba a que tiene muchos gastos en la empresa y deba reducirlos. Sin embargo, el gerente de Calzados Pisasuelos S. L. cree que los precios que paga a los proveedores no son nada excesivos. Este amigo le explica que existen gastos que no están directamente relacionados con el *stock*. El gerente de la empresa desea saber a qué gastos se refiere.

En la presente unidad vamos a hablar de los gastos de negocio, gastos del *stock* y costes del *stock*. Así que antes de adentrarnos en profundidad en cada epígrafe, deberemos distinguir estos dos conceptos importantes: gasto y coste.

Los conceptos **gasto** y **coste** son confusos, en algunas ocasiones, en el mundo empresarial. A nivel popular, también se utilizan indistintamente a la hora de referirse a los mismos.

Sin embargo, existe una gran **diferencia entre ellos:**

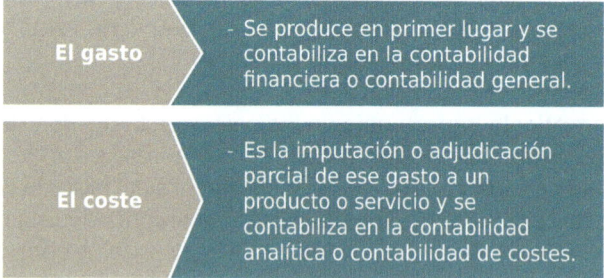

El Plan General de Contabilidad, en la primera parte denominada *Marco conceptual de la contabilidad*, en el punto 4.° llamado *Elementos de las cuentas anuales*, explica que el **gasto** es: Un decremento en el patrimonio neto de la empresa durante el ejercicio, ya sea en forma de salidas o disminuciones en el valor de los activos, o de reconocimiento o aumento del valor de los pasivos, siempre que no tengan su origen en distribuciones, monetarias o no, a los socios o propietarios, en su condición de tales.

Es decir, disminuye el activo por culpa del gasto.

◉ EJEMPLO

Un comercio compra existencias por valor de 3.000 €. Ese dinero disminuirá de las cuentas bancarias al pagar a proveedores. No se recuperará dicha cantidad hasta que se realicen las ventas de las existencias. Si no se paga en el momento, en ese caso aumentará la cuenta pasiva de proveedores porque aumenta la deuda de lo que les debemos.

- -

Los gastos **no se relacionan directamente** con el retorno de las ventas del producto o servicio. Se contabilizan, dentro de la contabilidad financiera, en el grupo 6 denominado *Compras y gastos,* y posteriormente se reflejará su realidad en el resultado de la cuenta de pérdidas y ganancias.

Los gastos englobados en el grupo 6. *Compras y gastos,* se dividen en dos grandes grupos:

- **Gastos relacionados directamente con el *stock:*** cuentas de compras y variación de existencias.
- **Gastos del negocio:** los que estamos estudiando en el presente epígrafe.

El conocimiento de estos gastos del negocio es necesario para, posteriormente, poder imputarlos como **coste en los productos y servicios.**

Según el Plan General de Contabilidad, en el grupo 6, denominado Compras y gastos, existen los siguientes subgrupos:

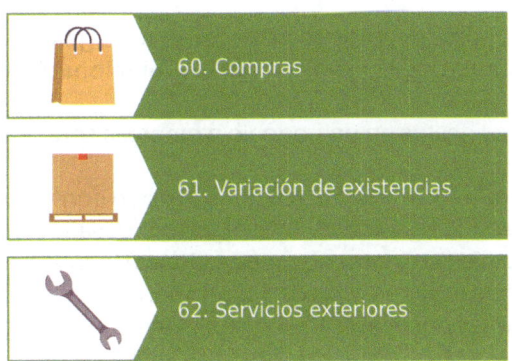

60. Compras

61. Variación de existencias

62. Servicios exteriores

Continúa en página siguiente >>

<< Viene de página anterior

Los dos primeros subgrupos pertenecen a los **gastos relacionados con el *stock*,** mientras que el resto son **gastos relacionados con el negocio.**

Por tanto, los gastos en un negocio o empresa son:

➲ **Servicios exteriores:** los gastos que están contemplados dentro de este grupo son los gastos de investigación, desarrollo e innovación (I+D+I), arrendamientos y cánones, reparaciones y conservación, primas de seguros (contra robos, incendios, inundaciones, etc.), publicidad, propaganda y relaciones públicas (RR. PP.), suministros (gas, agua, electricidad, teléfonos, etc.) y otros servicios (limpieza, vigilancia, etc.). Por ejemplo, dentro de los gastos de negocio de conservación y reparación, existe una parte que se puede imputar como costes del *stock* dentro de los costes de mantenimiento o almacenaje, como pueden ser la pintura, el arreglo de pavimentos, cubierta, arreglo de instalación eléctrica, arreglo de circuito de agua, etc. El cálculo del coste se puede realizar repartiendo el importe de dicho coste entre los metros cuadrados del almacén y una unidad de tiempo, por ejemplo, mensual. La unidad de tiempo de referencia dependerá de la rotación de la mercancía.

- **Tributos:** son los diferentes impuestos que debe pagar una empresa, como pueden ser el impuesto sobre beneficios, otros impuestos locales, autonómicos o estatales, referidos a licencias, etc.
- **Gastos de personal:** los gastos de personal engloban los sueldos y salarios que reciben los trabajadores mensualmente, indemnizaciones por despidos, el pago a la Seguridad Social por parte de la empresa u otros gastos sociales, como servicios de comedor o de guardería, vestuarios, dietas, etc.
- **Otros gastos de gestión:** aquí se contabilizan, por ejemplo, las pérdidas de créditos comerciales incobrables y otras pérdidas en gestión corriente.
- **Gastos financieros:** en este apartado se tienen en cuenta gastos como los intereses de obligaciones, bonos y deudas, diferencias negativas de cambio y otros gastos financieros.
- **Pérdidas procedentes de activos no corrientes y gastos excepcionales:** se refiere a las pérdidas que provienen del inmovilizado intangible y del inmovilizado material, entre otras.
- **Dotaciones para amortizaciones:** como son las amortizaciones del inmovilizado intangible y el inmovilizado material.
- **Pérdidas por deterioro y otras dotaciones:** las pérdidas que se producen por los deterioros del inmovilizado intangible, del inmovilizado material, de las existencias, de créditos por operaciones comerciales, créditos a largo plazo, etc.

 **VÍDEO**

En el siguiente enlace puedes ver un vídeo resumen de los gastos que conlleva un negocio.

https://redirectoronline.com/coml016po0301

3. El *stock* y sus gastos

☞ HILO CONDUCTOR

El gerente de Calzados Pisasuelos S. L. sabe que dentro de todos los gastos de la empresa hay unos que son gastos generales del negocio y otros que son gastos del *stock*. Él solo considera los gastos del *stock*, la compra de mercancías que posteriormente vende a su público objetivo. Desea conocer si hay más gastos relacionados con las mercancías y cuáles son estos para así poder imputarlos como costes del *stock*.

Las cuentas de **gastos** relacionadas con el *stock* son las de los subgrupos 60. *Compras* y 61. *Variación de existencias*.

Los **gastos de compras** son aquellos que se producen al adquirir mercaderías, materias primas u otros aprovisionamientos para la posterior venta de un producto previamente modificado o no. Si no se produce este gasto de compras de mercaderías, materias primas u otros aprovisionamientos, la empresa no podría ejercer su actividad. De nada sirve contar con local, mobiliario, personal, suministro de luz, dinero en las cuentas bancarias, etc. si no tenemos materiales para fabricar, transformar o adquirir un producto para luego venderlo. Por tanto, el gasto de compras es un gasto más que debe soportar la empresa y, junto con otros gastos, deberá imputar como coste en los productos y servicios para establecer el precio de venta y recuperarlo.

IMPORTANTE

Conviene recordar que el gasto se produce primero y luego se imputa como coste al producto o servicio. Aquí es donde se puede originar la confusión entre el gasto de compra o el coste de adquisición ¿por qué?, porque, generalmente, el gasto de compra se imputa en su totalidad como coste de adquisición. Por ejemplo, si compramos 1.000 unidades a un precio de 8 € / unidad, el gasto de compra es de 8.000 €, que coincidirá exactamente con el coste de adquisición que es el mismo, 8.000 €.

En este epígrafe nos vamos a centrar en el gasto.

Dentro de los gastos de una empresa existen unos gastos directamente relacionados con el stock, como son las compras y la variación de existencias del mismo.

En el Plan General Contable, dentro del subgrupo 60. **Compras**, aparecen las siguientes cuentas que sirven para contabilizar los gastos que surgen en las operaciones relacionadas con las compras del *stock,* registrando hechos contables que se originan por dicha actividad. Cada cuenta contempla lo siguiente:

- **600. Compras de mercaderías:** generalmente, las mercaderías son productos que se adquieren para una posterior venta en la que no se realiza ningún tipo de modificación. Es decir, el producto no se crea ni se fabrica ni se compone. Se vende tal cual lo hemos recibido. En este caso, seríamos una empresa intermediaria que distribuye un producto. En estos casos, el gasto de la compra se corresponde prácticamente con el coste de adquisición.
- **601. Compras de materias primas:** se refiere a los gastos que se producen al comprar materias para fabricar o crear un producto. En este caso, interviene un proceso de modificación de esos productos que entran en nuestra empresa de una manera y salen de otra. Es decir, entran con unas características o atributos, formas, tamaños, etc. y salen de forma distinta debido a esa modificación o proceso de fabricación.
- **602. Compras de otros aprovisionamientos:** en esta cuenta se contabilizan los gastos que se producen al comprar elementos y conjuntos incorporables a un producto básico o principal para transformarlo, así como combustibles, repuestos, materiales diversos, embalajes, envases, etc. La compra de material de oficina también se contabiliza en esta cuenta, pues, aunque el material de oficina no interviene directamente en la fabricación o intermediación del producto, sí es necesario para la actividad diaria de la empresa. Debemos tener en cuenta que la gestión administrativa, solo referida a la actividad de compraventa, es indispensable para

la realización de la misma; papel, tóner, bolígrafos, archivadores, grapadora, etc.

⊃ **606. Descuentos sobre compras por pronto pago:** esta cuenta no es un gasto como tal. En realidad, se trata de una menor compra o una disminución en la compra, por lo tanto, un menor gasto. Este descuento lo concede el proveedor fuera de factura, cuando la empresa pagadora o compradora le paga antes del plazo acordado. Como premio a ese pronto pago, el proveedor le realiza un descuento. De este modo, las dos partes quedan beneficiadas. La empresa cliente, compradora o pagadora, obtiene un descuento y por tanto la compra del *stock* le sale más barata. La empresa proveedora, vendedora o cobradora, consigue tener el dinero en su poder antes de lo previsto y, por tanto, adquiere mayor liquidez.

⊃ **607. Trabajos realizados por otras empresas:** en esta cuenta se contabilizan los trabajos que forman parte del proceso de producción y/o fabricación, pero que se subcontratan o encargan a otras empresas. Por ejemplo, controles de calidad que realizan empresas externas y certifican o garantizan que nuestro producto cumple con unos requisitos mínimos de características o atributos.

⊃ **608. Devoluciones de compras y operaciones similares:** la naturaleza es parecida a la cuenta 606. *Descuentos sobre compras por pronto pago.* En realidad, las devoluciones de compra no implican un gasto, pero contablemente es un menor gasto. Aquí lo que sucede es que la empresa devuelve parte del *stock* al proveedor por incumplimiento del contrato, generalmente: excedente en la cantidad solicitada, diferente modelo, diferente tamaño, diferente color, etc. de lo que se había solicitado en el pedido. En estos casos, puede ocurrir que la empresa receptora devuelva el *stock* físico o que se quede con el *stock* recibido a cambio de un descuento que se realiza fuera de factura. Por eso, la existencia de esta cuenta para contabilizar este hecho contable en el que la deuda al proveedor disminuye.

⊃ **609. Rappels por compras:** esta cuenta es de naturaleza similar a las anteriores. Un *rappel* es un descuento que se obtiene por haber alcanzado un volumen de pedido concreto.

Para comprender mejor el concepto de *rappel,* hemos elaborado el siguiente ejemplo, ¡fíjate bien!

 **EJEMPLO**

Un proveedor nos establece la siguiente tabla de *rappels:*

Continúa en página siguiente >>

<< Viene de página anterior

60.000 € - 90.000 €	0,5 % del total de compras
90.000,01 € - 120.000 €	1,0 % del total de compras
120.000,01 € - 150.000 €	1,5 % del total de compras

Al final del período, según sea la cantidad que le hemos comprado, nos aplicará el rappel correspondiente según tenemos firmado en contrato. Esto hará que nuestra deuda con el proveedor disminuya.

 **APLICACIÓN PRÁCTICA**

Calzados Pisasuelos S. L. ha firmado con el proveedor A la siguiente tabla de *rappels:*

60.000 € - 90.000 €	**0,5 % del total de compras**
90.000,01 € - 120.000 €	**1,0 % del total de compras**
120.000,01 € - 150.000 €	**1,5 % del total de compras**

Al final de año, ha comprado a este proveedor la cantidad de 113.487,65 €. ¿Qué cantidad recibirá en concepto de *rappel?*

Solución

Esta cantidad se encuentra en el segundo intervalo, por lo que nos aplicarán un rappel del 1 % de las compras que hemos realizado.

El 1 % de 113.487,65 € = 1.134,87 €.

Significa que nuestra deuda real con dicho proveedor es de: 113.487,65 € – 1.134,87 € = 112.352,78 €

- Opción 1.a: Si ya se han realizado los pagos, puede abonarnos esa cantidad o descontarla en pagos posteriores, ya que la actividad de ambas empresas continúa.
- Opción 2.a: Si los pagos no se han realizado todavía, pueden descontarnos la cantidad en los pagos siguientes.

En el Plan General Contable, dentro del subgrupo 61. *Variación de existencias,* aparecen las siguientes cuentas:

- ◗ 610. Variación de existencias de mercaderías
- ◗ 611. Variación de existencias de materias primas
- ◗ 612. Variación de existencias de otros aprovisionamientos

Estas tres cuentas sirven para contabilizar la variación o diferencia entre las existencias finales y las existencias iniciales en el período contable de las mercaderías, las materias primas y otros aprovisionamientos, respectivamente.

Si las **existencias iniciales son menores que las existencias finales,** significa que hemos tenido **INGRESOS,** que habrá que reflejar en la cuenta de pérdidas y ganancias.

Existencias iniciales < Existencias finales = Ingresos

 **EJEMPLO**

Supongamos una empresa intermediaria que cuenta al principio del ciclo contable con 1.500 unidades de un producto. Durante el año, se van produciendo compras y ventas de ese producto. Las compras se van registrando en la cuenta contable 600. *Compras de mercaderías,* mientras que las ventas se registrarán en la cuenta 700. *Venta de mercaderías.* Al final del ciclo contable, se hace inventario y ven que quedan 2.000 unidades de dicho producto. La diferencia, 500 unidades, se registra en la cuenta 610. *Variación de existencias de mercaderías.* En este caso, tenemos 500 unidades más al final (Existencias finales - Existencias iniciales = 2.000 - 1.500 = 500 unidades).

1.500 < 2.000 = 500 unidades más al final del período contable

Por el contrario, **si las existencias iniciales son mayores que las existencias finales**, significará que hemos obtenido **GASTO** que habrá que reflejar en la cuenta de pérdidas y ganancias.

Existencias iniciales > Existencias finales = Gastos

👁 EJEMPLO

La empresa tiene como existencias iniciales 14.500 unidades y como existencias finales del período 5.500 unidades, han disminuido sus existencias en 9.000 unidades.

> 14.500 > 5.500 = 9.000 unidades menos al final del período contable

---

4. Los costos del *stock*

👉 HILO CONDUCTOR

Calzados Pisasuelos S. L. compra los zapatos a un precio medio de 5 € cada par y los vende a un precio medio de 20 €, por lo que, aparentemente, debería ganar 15 € en la venta de cada par de zapatos. Sin embargo, a final de año, el beneficio no es el esperado. Además de pagar el género a los proveedores, ha tenido que pagar alquiler mensual del local, sueldos a los empleados, impuestos, luz, agua, calefacción del local, etc. El gerente tiene la sensación de que, realmente, está ganando mucho menos beneficio del esperado. Decide saber cuáles son los costes existentes para calcular el coste real de cada producto.

Para entender el término coste, es imprescindible conocer primero el término gasto. ¿Por qué? Sencillo:

Para que se produzca el coste, primero se ha de producir el gasto

Una vez que se origina el gasto, habrá que imputarlo como **coste al producto o servicio.**

Pero, ¿por qué debemos imputar el gasto parcial como coste en un producto o servicio? Para recuperarlo a través del precio de venta que cobramos al cliente.

 **EJEMPLO**

Por ejemplo, vamos a imaginar un solo producto con un único precio, sin olvidar que en las empresas se venden diferentes productos con diferentes precios de venta que se han adquirido con distintos precios de compra.

> Precio compra + Margen bruto de beneficio = Precio de venta
> Precio compra + (Costes + Margen neto de beneficio) = Precio de venta

Pues bien, imaginamos un producto cuyo precio de compra es de 5 €, y le cargamos un margen bruto de 7 €, para así venderlo a un precio de venta de 12 €.

Aparentemente, el beneficio es de 7 €, lo que hemos marcado. Pero no llega a ser así del todo cierto. De esos 7 €, hemos de pagar el alquiler del local, los sueldos y salarios a los trabajadores, la Seguridad Social, los impuestos a Hacienda, los suministros de luz, agua, gas, líneas telefónicas, mantenimiento de máquinas, herramientas, utensilios y dispositivos tecnológicos, etc. Una vez que se han descontado todos estos conceptos o importes, nos quedará el beneficio real o beneficio neto.

De ahí, la importancia de conocer los costes que se imputan a los productos para poder fijar el precio de venta. Si la determinación del beneficio se calcula al azar o, simplemente, marcando un precio un poco más bajo que el de la competencia, cometemos un grave error.

Pasa en algunas empresas que, aun vendiendo todo su producto, al final del ciclo contable se dan cuenta de que sufren pérdidas.

¿Por qué, si las ventas han sido un éxito? Pues porque el precio de venta que marcaron no ha sido suficiente para cubrir los costes. Es decir, pagaron a los proveedores, pero el beneficio marcado no ha sido suficiente para cubrir el resto de costes.

El **coste** es la parte del gasto que está imputada al producto o servicio y, por lo tanto, se relaciona su retorno con la venta del artículo o bien.

Es decir, dependiendo del volumen de ventas podemos recuperar el importe para hacer frente al gasto de manera total o parcial.

 EJEMPLO

Los costes de la elaboración de un café en un bar corresponden a la parte proporcional de agua empleada, la parte proporcional de café, el sobre de azúcar, la luz de la cafetera, el sueldo del camarero que lo prepara y sirve, la parte proporcional de luz, agua y detergente del lavavajillas que limpia la taza y el platillo, y la parte proporcional de impuestos que paga el empresario del bar. Todos estos conceptos determinarán cuál es el coste de preparar un café y a qué precio debe venderse para cubrir esos costes y además obtener beneficio real.

En consecuencia, y siguiendo con el ejemplo del bar, el gasto mensual de luz hace que funcione el lavavajillas, la cafetera, las planchas, el ordenador o caja, ilumina el almacén, ilumina el interior del local, y enciende los letreros luminosos exteriores. Habrá que repercutir, repartir o imputar este gasto en los diferentes productos que se venden en el bar para recuperar el coste (una vez ya imputado, pasa a llamarse coste) a través de los ingresos por la venta de los productos. Si no vendemos los productos por los motivos que sea, los costes permanecen.

 EJEMPLO

Imagina una tienda de ropa que adquirió una cantidad de género por el valor de 5.000 €. El almacén se inunda y se deteriora la mercancía por un valor de 3.000 €, pudiendo salvar el resto. El gasto o coste de la adquisición de mercancía, en lugar de prorratearlo o imputarlo a todo el género, lo aplicaremos solamente a la parte que se ha salvado y es factible de convertirse en venta

Continúa en página siguiente >>

<< Viene de página anterior

si queremos recuperar dicho coste. Además, es posible que por la inundación surjan otros costes, como cambiar el suelo, pintar las paredes, cambio parcial de la instalación eléctrica, etc. Estos costes debemos recuperarlos en un plazo de tiempo. Si no se pueden aplicar en ese momento a la mercancía adquirida, porque no podemos elevar mucho el precio de venta al público, entonces habrá que plantearse recuperarlo en mercancías posteriores a lo largo de un tiempo predeterminado.

Cuanto más material se tenga almacenado sin vender, mayor es el riesgo en caso de accidentes.

Todos estos gastos, es decir, los gastos de *stock* y los gastos de negocio deben imputarse mediante **la contabilidad analítica de costes,** como **coste a los servicios y productos** que se van a vender posteriormente, para así recuperar el dinero gastado, además de obtener un beneficio que revierta nuevamente en la empresa o en sus propietarios.

Gastos de *stock*

Gastos de *negocio*

Costes de *stock*

 **RECUERDA**

El precio de venta al público (PVP) o precio de venta es igual al coste del producto más el margen de beneficio que obtiene la empresa. De ahí la importancia de determinar cuál es el coste real del producto o servicio.

Estos costes que se van a imputar proceden de distintos gastos: suministros, alquileres, impuestos, personal, etc. Pero los vamos a clasificar atendiendo a la etapa del proceso de almacén o gestión de *stock*.

A grandes rasgos, el proceso de almacén o gestión de *stock* lleva tres grandes etapas:

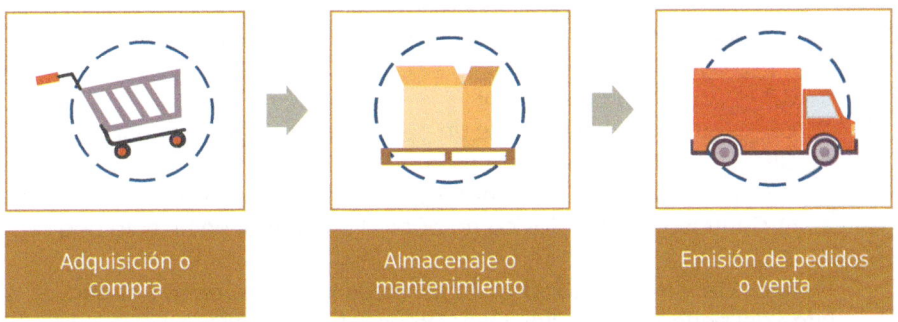

| Adquisición o compra | Almacenaje o mantenimiento | Emisión de pedidos o venta |

En consecuencia, **clasificamos los costes de *stock*** en tres grupos:

- ⮌ Costes de adquisición o compra
- ⮌ Costes de almacenaje o mantenimiento
- ⮌ Costes de emisión de pedidos o venta

4.1. Costes de adquisición o compra

Son todos aquellos costes que se generan directamente relacionados con la compra o adquisición de mercancías, materiales o *stock*. A su vez, existen diferentes **tipos,** como son:

⮱ **Coste de pedido:** este coste se genera por realizar un pedido o solicitud de compra al proveedor. Suelen ser meros costes administrativos: tiempo empleado en anotar lo que se debe pedir, buscar las referencias de los artículos, enviar por alguna vía la hoja de pedido, etc. Estos costes, actualmente se encuentran bastante reducidos gracias a los programas informáticos. En algunas ocasiones, tenemos que asumir el gasto de transporte, seguros, recepción de la mercancía, impuestos, etc., que se suceden desde las instalaciones del proveedor hasta las nuestras. Si pensamos en las cláusulas *Incoterms,* existen varias modalidades en las que podemos asumir estos gastos de manera total o parcial.

⮱ **Coste de adquisición:** este coste es el precio que vale el producto o servicio cuando se compra, es decir, es el precio que se paga al proveedor. Por ejemplo, en el *stock* de ropa, una falda que cuesta 8 €. Se pagan 8 € al proveedor, cargamos el margen de beneficio deseado y calculamos el precio de venta. Este coste es fácil de calcular, bien multiplicando el precio de adquisición por las unidades compradas o bien con la suma de las facturas emitidas por los proveedores.

La fórmula para calcular el coste de pedido de un período de tiempo es:

⮱ $CP_{período}$ = CPunidad x (V / Q)
⮱ $CP_{período}$: Coste de pedido de un período (por ejemplo, anual).
⮱ CP_{unidad}: Coste de un solo pedido.
⮱ V: Cantidad de artículos vendidos a clientes (en el mismo período anual).
⮱ Q: Cantidad de artículos comprados al proveedor en un solo pedido.

Primero, debemos conocer cuántas veces vamos a realizar el pedido a lo largo del período. Para ello, aplicaremos la fórmula V/Q.

 **EJEMPLO**

Vendemos (o tenemos previsión de vender) 100.000 unidades del artículo A en un año (V). En cada pedido, solicitamos 500 unidades de dicho artículo (Q). Por lo tanto, 100.000 uds. / 500 uds. = 200 veces realizaremos el pedido a lo largo del año.

Si el coste de un pedido es de 15 €, el CP anual será el resultado de multiplicar CP unidad × 200 veces = 15 € × 200 = 3.000 €.

El cálculo de los costes es muy importante para determinar cuál es el beneficio real que se desea obtener.

 VÍDEO

En el siguiente enlace puedes ver un anuncio donde mencionan el ahorro que puede suponer para una empresa cliente el ahorro en el gasto de transporte.

https://redirectoronline.com/coml016po0302

4.2. Costes de almacenaje o mantenimiento

Son todos aquellos costes que se derivan durante el proceso de almacenar el *stock* y mantener el almacén. Dentro de estos, encontramos varios **tipos:**

- **Coste de mantenimiento:** la acción o el proceso de almacenar *stock* en un almacén implica una serie de costes que son: el personal administrativo gestor de la burocracia administrativa, operarios de almacén que reciben, mueven y dan salida a los productos, la instalación y mantenimiento del sistema informático de gestión que nos ayuda en la operatividad del almacén, lo referente al local donde se guardan y custodian las mercancías, como el alquiler o la hipoteca, calefacción, aire acondicionado, ventilación, refrigeración, iluminación, etc., amortizaciones del local y de la maquinaria utilizada, impuestos, seguros, depreciación de las existencias por el paso del tiempo, etc.

⊃ **Coste de espacio:** es parecido al coste de mantenimiento. La diferencia radica en que algunas empresas, por la naturaleza de sus productos, necesitan obligatoriamente más espacio que otras, por lo que se ven obligadas a alquilar o comprar instalaciones de mayores dimensiones. No es lo mismo almacenar 100 cajas de zapatos que 100 lavadoras industriales de capacidad de 50 kg cada una. Pueden conllevar un mayor precio del alquiler, así como la disponibilidad de maquinaria o vehículos para el desplazamiento de las mercancías y de los propios operarios.

⊃ **Coste o riesgo de ruptura de *stock:*** este coste no se da siempre, solo en caso de que suceda dicha ruptura, por eso se denomina riesgo, porque si no llega a producirse la ruptura de *stock*, ese coste no se produce. En caso contrario, es decir, que sí exista la ruptura del *stock,* entonces surge un coste denominado coste de ruptura de *stock*. Este coste nace de la situación de quedarnos sin existencias. Se puede dar el caso de no disponer de dinero o liquidez para poder afrontar un nuevo pedido en los plazos y formas acordadas con el proveedor y, además, puede suponer la pérdida de clientes a quienes no les podamos suministrar los materiales en ese momento, incluso a futuro, y deciden, por tanto, acudir a otro proveedor que sí se los pueda suministrar de inmediato.

⊃ **Coste o riesgo de obsolescencia:** este coste solo se produce si se llega al punto de que los materiales queden obsoletos en el mercado. Un producto obsoleto es muy difícil de vender. Es importante vender el producto de manera rápida, así como hacer pedidos bajo la previsión de ventas. En estos casos, se recomienda sacar el producto al mercado a un precio reducido antes de llegar a la obsolescencia. Este riesgo es típico en empresas de productos tecnológicos, productos perecederos o con caducidad, productos deportivos serigrafiados con nombres de deportistas de élite que cambian de equipos según temporadas, etc.

⊃ **Coste o riesgo de deterioro, robo o desperfecto:** este coste se produce solo si se da esa circunstancia o característica en el *stock*. Cuanto más tiempo pasa el *stock* en el almacén, más posibilidades de que se deteriore, lo roben o le salga un desperfecto. El deterioro o desperfecto puede surgir porque, a veces, las condiciones de los almacenes no son las adecuadas: humedades, mala ventilación, mala iluminación, mala temperatura, etc., provocando así el deterioro o desperfecto del producto. El robo, en principio, depende del azar o la suerte, aunque existen productos más atractivos para los delincuentes que otros no tan llamativos. Este motivo induce a que unas empresas deban invertir más en medidas de seguridad que otras, lo cual aumenta el coste. Por ejemplo, un almacén donde se guardan artículos de lujo o de marcas muy posicionadas en el mercado (como relojes Rolex) es más probable de ser saqueado que un almacén donde se custodian artículos básicos o de primera necesidad que se consumen a diario (como artículos de papelería).

NOTA

La fórmula para calcular el coste de mantenimiento de un período de tiempo es:

$$CA_{período} = Ca_{unidad} \times (Q / 2)$$

- **CA**$_{período}$**:** Coste de almacenaje de un período (por ejemplo, anual).
- **CA**$_{unidad}$**:** Coste de almacenaje de un solo artículo o unidad.
- **Q:** Cantidad de artículos comprados al proveedor en un solo pedido.
- **Q / 2:** *Stock* medio.

A esta fórmula debemos sumar el **coste de mantenimiento del** *stock* **de seguridad** para no quedarnos nunca sin *stock* de un artículo concreto. Además, como hemos dicho anteriormente, habría que sumar los costes del local (suelo, edificio e instalaciones), maquinaria, recursos humanos, mantenimiento, otros costes, etc. Es aquí donde interviene la **contabilidad analítica de costes,** que imputa la parte proporcional del gasto a cada unidad o artículo.

4.3. Costes de emisión de pedidos o ventas

Estos costes se producen cuando se vende el producto y se le entrega al comprador. Puede suponer costes por embalajes o envoltorios especiales (para productos que son frágiles), costes de envío, burocracia administrativa, creación de etiquetas, generación de albaranes y facturas, etc.

 **EJEMPLO**

Una papelería recibe por su correo electrónico un pedido que le realiza una empresa que se dedica a fabricar luces de emergencia. El importe de los artículos solicitados asciende a 45,00 €. Este precio es el mismo que el precio en tienda. La preparación del pedido conlleva los siguientes costes:

- Tiempo y esfuerzo de un trabajador en registrar el pedido.
- Tiempo y esfuerzo de un trabajador en coger los productos y colocarlos dentro de una caja (mientras realiza estas labores no atiende en la tienda).
- La caja.
- La parte proporcional del precinto de la caja.
- Dar aviso a la empresa de reparto.
- Preparar el pedido, emitiendo etiqueta de remitente y etiqueta de destinatario.
- Pagar a la empresa de reparto.
- Dar la salida del producto (esta tarea también se realiza si el cliente compra en la tienda).
- Preparar el albarán y la factura, etc.

Por este motivo, la papelería decide que a los clientes que realizan pedidos desde fuera de tienda, sea por correo electrónico, por teléfono o por la plataforma web, se les cobre 5 € en concepto de gastos de envío para sufragar todos estos costes añadidos.

Entre estos costes, se engloban los de las maquinarias que se necesitan para coger el producto y prepararlo para su salida, como son las carretillas elevadoras, las de preparación de pedidos, transpaletas, caminos de rodillos de mercaderías, máquinas de embalar, enfardar y/o etiquetar. Estos costes van desde su adquisición, su mantenimiento y su amortización.

Estos **costes del proceso de gestión de *stock,*** es decir, de su compra, mantenimiento y venta, se verán afectados por algunos **factores** como los siguientes:

Diversidad y número de referencias
- Cuanto mayor sea la variedad y diversidad de los productos, mayores son los costes, pues se ha de invertir más tiempo en su clasificación y ordenación.

Continúa en página siguiente >>

<< Viene de página anterior

Infraestructura y equipos
- Cuanto mayor sea la cantidad de los mismos y más modernos, mayor será el coste por la cantidad de dinero a invertir en su adquisición. Si bien, esto nos ayudará a reducir tiempo en los procesos, ya que se entiende que facilitan el esfuerzo humano.

Estandarización de cargas
- Todo aquello que atienda a medidas y procesos estándar tiende a ser menos costoso que aquello que requiere de servicios, medidas y procesos especiales.

Desestacionalización del producto
- Cuanto más regular y constante sea el trabajo en el almacén, será menos costoso que si se cuenta con temporadas altas y bajas, ocasionando picos de producción frente a la ausencia de la misma.

 ## ACTIVIDAD COMPLEMENTARIA

4. En el siguiente enlace vas a leer un artículo en el que se explica la proliferación de negocios de comida para llevar frente a los restaurantes clásicos de menús baratos. ¿Podríais indicar qué tipos de costes conlleva cada tipo de negocio?

https://redirectoronline.com/coml016po0303

5. El *stock* medio

El gerente de Calzados Pisasuelos S. L. está aprendiendo acerca de los costes relacionados con el *stock*. Sin embargo, él maneja mucha variedad de productos pues vende zapatos de vestir, de fiesta, de línea deportiva, de hombre, de mujer, de niño, de niña, de invierno, de verano, etc. y de modelos muy diferentes. Le resulta muy laborioso calcular el coste real de cada tipo de calzado. Un amigo, también empresario, le comenta que debe calcular el *stock* medio para así simplificar los cálculos. El gerente de Calzados Pisasuelos S. L. decide aprender cómo realizar estos cálculos.

Los dos objetivos principales que tienen las empresas, en general, son:

Incrementar los ingresos
- Se intenta conseguir con el aumento de las ventas, utilizando diversas estrategias comerciales para ello.

Reducir los costes
- Se intenta conseguir disminuyendo los mismos, dentro de lo posible, sin afectar a la calidad de los productos y/o servicios.
- Para reducir costes, entre ellos los costes del *stock*, primero hay que calcularlos. Para calcular los costes del *stock* es necesario conocer la cantidad del mismo en el almacén.
- Para calcular los costes de la gestión de *stock* es necesario saber qué cantidad de *stock* tenemos almacenada. Esta cantidad se puede conocer gracias al inventario, que se puede realizar en cualquier momento. Sin embargo, también es costoso saberlo, pues, en ocasiones, implica parar la producción para contar o inventariar la cantidad de producto.
- Podemos conocer la cantidad de *stock* que se encuentra en el almacén controlando las partidas que entran y las que salen.

Por otra parte, el *stock* fluctúa con mucha frecuencia, pues las entradas y salidas en el almacén se realizan casi a diario, cuando no son de unos productos, lo son de otros. Las entradas en el almacén dependen de la variedad de productos y proveedores con los que se trabaje, y las salidas dependen del número de clientes y de las frecuencias de compras que realizan los mismos. Se pueden dar varias partidas de entrada o varias de salida en un mismo día.

Por este motivo de la fluctuación de las mercancías, **es necesario el concepto y el cálculo del *stock* medio,** esto es el **volumen medio de mercancías que se encuentran en el almacén en un período concreto de tiempo.** Conociendo el *stock* medio, será más fácil poder calcular los costes del *stock.* El *stock* medio nos indica la inversión media en mercancías que realiza la empresa.

El *stock* medio de un almacén evoluciona entre:

- ⮑ Un **nivel máximo** que se produce cuando se realiza la entrada de un pedido en el almacén.
- ⮑ Un **nivel mínimo** que coincide con la cantidad de mercancía que existía antes de que se realice el nuevo pedido.

 **DEFINICIÓN**

***Stock* medio**
Es la media aritmética de ambas cantidades para un plazo de aprovisionamiento, es decir, el plazo que existe entre dos entradas consecutivas.

- -

Para calcular el *stock* medio debemos tener en cuenta distintas circunstancias o situaciones, dependiendo de las cantidades que se compran en los pedidos y los períodos o frecuencia en que se solicitan dichos aprovisionamientos. Estas **posibilidades de situaciones** son las siguientes:

- ⮑ **Pedidos de la misma cantidad de mercancías en fechas fijas:** en este caso, a la cantidad del nivel máximo o del nuevo pedido se suma la cantidad del nivel mínimo o de las existencias que quedaban anteriormente y se divide entre 2.
  La fórmula para el cálculo del *stock* medio en esta situación, en la que los pedidos son fijos en fechas fijas, es la siguiente:
  SM = (QN.Máx + QN.Mín) / 2, siendo:

  - ◐ **SM:** *stock* medio.
  - ◐ **QN.$_{Máx}$:** el nivel máximo o la cantidad de existencias solicitada en el nuevo pedido.

☢ **QN.$_{Min}$:** el nivel mínimo o la cantidad de existencias que quedaba en el almacén antes de realizar el pedido.

➲ **Pedidos de la misma cantidad de mercancías en fechas variables:** en esta situación, el *stock* medio se calcula exactamente igual que en el caso anterior. A la cantidad del nivel máximo o nuevo pedido se suma la cantidad del nivel mínimo o cantidad de mercancías que quedaban anteriormente y se divide entre 2. En este caso, unos períodos son más largos que otros, entendiéndose que se ha vendido la mercancía que había en mayor o menor tiempo. La fórmula de cálculo queda igual que en el caso anterior, ya que el tiempo no interviene o afecta a la fórmula de cálculo.

➲ **Pedidos de cantidades variables en fechas fijas:** en esta situación, cada vez que se recibe un pedido, se recibe una cantidad diferente. Por otra parte, la cantidad de *stock* que quedaba en el almacén antes de realizar el nuevo pedido también es diferente. Esto significa que en cada período el nivel de ventas varía y, por tanto, el *stock* medio varía en cada período. Aunque las fechas de recepción del pedido sean fijas, el *stock* medio de un período amplio será la media aritmética de los *stocks* medios de cada período.

La fórmula de cálculo del *stock* medio en esta situación en la que los pedidos son variables en fechas fijas, es la siguiente:

SM = Σ(QN.Máx + QN.Mín) / 2n

☢ **SM:** *stock* medio.
☢ **QN.$_{Máx}$:** la cantidad de existencias solicitada en el nuevo pedido.
☢ **QN.$_{Min}$:** la cantidad de existencias que quedaba en el almacén antes de realizar el pedido.
☢ **N:** el número de períodos.

➲ **Pedidos de cantidades variables en fechas variables:** en este caso, todos los datos son variables. Las cantidades que se reciben en cada pedido son variables, las cantidades que quedan en el almacén son variables, y las fechas en las que se reciben los nuevos pedidos también son variables. Para calcular el *stock* medio será preciso calcular la media aritmética ponderada de cada período de reaprovisionamiento.

La fórmula de cálculo del *stock* medio en esta situación en la que los pedidos son variables en fechas variables, es la siguiente:

SM = [Σ(QN.Máx + QN.Mín) x ti] / 2n

☢ **SM:** *stock* medio.
☢ **QN.$_{Máx}$:** la cantidad de existencias solicitada en el nuevo pedido.
☢ **QN.$_{Min}$:** la cantidad de existencias que quedaba en el almacén antes de realizar el pedido.
☢ **ti:** el tiempo transcurrido en cada período.
☢ **N:** el número de períodos.

 **VÍDEO**

En el siguiente enlace puedes ver uno de los métodos de cálculo del _stock_ medio.

https://redirectoronline.com/coml016po0304

Una vez que conocemos el _stock_ medio mediante las distintas modalidades que hemos estudiado, podemos calcular otros costes con la finalidad de intentar reducirlos.

En este caso, si quisiéramos calcular alguno de los costes del _stock_ que hemos estudiado anteriormente, basta con aplicar en sus fórmulas el _stock_ medio que hemos calculado mediante alguno de los métodos que acabamos de ver.

Por ejemplo, siguiendo la fórmula del coste de mantenimiento o almacenaje que ya hemos visto, podemos calcular el coste de almacenaje de un período.

CA período = Ca unidad x (Q / 2) o SM

- **CA$_{período}$:** coste de almacenaje de un período (por ejemplo, anual).
- **CA$_{unidad}$:** coste de almacenaje de un solo artículo o unidad.
- **Q:** cantidad de artículos comprados al proveedor en un solo pedido.
- **Q / 2 o SM:** _stock_ medio.

TAREA 8

Durante el primer trimestre, Calzados Pisasuelos S. L. recibe todos los jueves 600 pares de zapatos. Abre todos los días excepto los domingos. Vende a una razón de 100 pares diarios.

En el segundo trimestre, Calzados Pisasuelos S. L. recibe todos los jueves existencias de calzado. Las cantidades de *stock* que maneja son:

- Jueves 1.º: en almacén quedan 300 pares y reciben 600.
- Jueves 2.º: en almacén quedan 800 pares y reciben 1.000.
- Jueves 3.º: en almacén quedan 1.300 pares y reciben 2.000.

En el tercer trimestre, Calzados Pisasuelos S. L. recibe existencias de calzado. Las cantidades de *stock* que maneja son:

- 02/07/XX: en almacén quedan 300 pares y reciben 600. Han transcurrido 12 días desde la recepción del pedido anterior.
- 13/07/XX: en almacén quedan 800 pares y reciben 1.000.
- 21/07/XX: en almacén quedan 1.300 pares y reciben 2.000.

Calcula el *stock* medio de su almacén en cada trimestre teniendo en cuenta la constancia o variabilidad de los pedidos. Teniendo en cuenta el *stock* medio del tercer trimestre, calcula el coste de almacenaje mensual del calzado de la tienda de zapatos Calzados Pisasuelos S. L., sabiendo que el coste de mantenimiento de una unidad, entendiendo como tal una caja o par de zapatos es de 0,80 €.

- -

6. Resumen

El precio de venta está formado por dos componentes principales: el coste y el margen de beneficio. La suma de ambos da como resultado el precio final al que vendemos el producto o servicio. Es importante saber de qué conceptos está compuesto el coste para conocer el coste real del producto o servicio y, así, poder tomar las decisiones más apropiadas en cuanto a estrategias de precio y estrategias comerciales.

Los costes del *stock* son aquellos que se imputan a las mercancías o productos. Se engloban en tres grandes grupos atendiendo a la fase del proceso de gestión de *stock*:

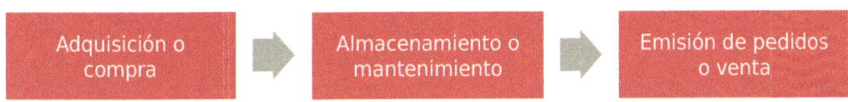

Por otra parte, una empresa conlleva una serie de gastos generales, gastos de empresa o gastos de negocio, que no están relacionados directamente con el *stock* o las mercancías almacenadas, pero son necesarios para su funcionamiento como actividad empresarial. Estos gastos suelen ser servicios exteriores, impuestos, gastos de personal, gastos financieros, pérdidas de activos no corrientes, etc.

Para poder calcular los diferentes costes estudiados, es necesario **conocer el *stock* medio de un almacén**, pues suele haber tal cantidad y variedad de productos y artículos, que se hace muy tedioso calcularlo por cada uno de ellos. Por este motivo, se hace imprescindible el cálculo del *stock* medio, que se realizará en base a distintas situaciones que se puedan dar en el almacén. Estas situaciones son:

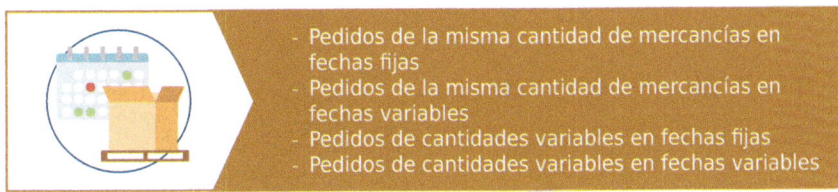

- Pedidos de la misma cantidad de mercancías en fechas fijas
- Pedidos de la misma cantidad de mercancías en fechas variables
- Pedidos de cantidades variables en fechas fijas
- Pedidos de cantidades variables en fechas variables

Existen gastos que corresponden directamente a la gestión del *stock* como son:

⮑ Los subgrupos de compras y variación de existencias de mercaderías
⮑ Los de subgrupos compras y variación de existencias de materias primas
⮑ Los de subgrupos compras y variación de existencias de otros aprovisionamientos

Ejercicios de autoevaluación
Unidad de Aprendizaje 3

1. El coste del *stock* es:

    a. El precio de venta que paga el cliente.
    b. El margen de beneficio que se desea obtener.
    c. La suma del precio de venta más el margen de beneficio.
    d. La parte proporcional de gasto imputada al producto.

2. El coste de adquisición es:

    a. El precio que se paga al proveedor.
    b. El coste administrativo.
    c. El coste de espacio.
    d. El coste de personal.

3. El coste provocado por el paso del tiempo que hace que la mercancía "se pase de moda" se denomina:

    a. Coste de mantenimiento.
    b. Coste o riesgo de ruptura de *stock*.
    c. Coste o riesgo de obsolescencia.
    d. Coste o riesgo de deterioro, robo o desperfecto.

4. ¿Cuál de los siguientes es un factor influyente en el coste del proceso de gestión de *stock*?

    a. Coste de espacio.
    b. Coste de alquiler.
    c. Coste de electricidad.
    d. Diversidad y número de referencias.

5. El pago que realizan las empresas a la Seguridad Social se considera un gasto de:

    a. Servicios exteriores.
    b. Impuestos.
    c. Personal.
    d. Financiero.

6. La liquidación del IVA que pagan las empresas es un gasto de:

    a. Servicios exteriores.
    b. Tributos.
    c. Personal.
    d. Financiero.

7. El *stock* medio se refiere a:

    a. Las mercancías situadas en los pasillos intermedios del almacén.
    b. La media aritmética de un nivel máximo y mínimo que se produce en un período de tiempo.
    c. Las mercancías que se reciben en temporada media.
    d. Las mercancías que no sobrepasan una altura media.

8. Respecto al cálculo del *stock* medio:

    a. Existen cuatro situaciones posibles con distintas fórmulas según el caso.
    b. Existen tres situaciones posibles con distintas fórmulas según el caso.
    c. Existen dos situaciones posibles con distintas fórmulas según el caso.
    d. Existe solo una única fórmula para calcularlo.

9. La compra de mercaderías es:

    a. Un coste.
    b. Un gasto.
    c. Un beneficio.
    d. Un ingreso.

10. ¿Cuál de los siguientes conceptos no es un gasto de *stock*?

    a. Compras de otros aprovisionamientos.
    b. Descuentos sobre compras por pronto pago.
    c. *Rappels* por compras.
    d. Suministros.

Optimización de la gestión de *stock*

Contenido

Objetivos

El objetivo general de esta Unidad de Aprendizaje es:

→ Optimizar la gestión del almacén mediante la herramienta de un reaprovisionamiento adecuado.

Los objetivos específicos de esta Unidad de Aprendizaje son:

→ Identificar las herramientas esenciales para un adecuado reaprovisionamiento del almacén.
→ Distinguir las herramientas de SGA, soportes físicos, personal y estrategias de ventas.
→ Identificar las estrategias de precios.
→ Diferenciar las estrategias de descuento como herramientas de optimización del reaprovisionamiento.
→ Reconocer el proceso de embalaje dentro de la preparación de la unidad de pedido.
→ Aplicar descuentos en unas compras determinadas.
→ Conocer los diferentes tipos de embalaje.
→ Diferenciar las distintas unidades de tiempo.
→ Reconocer la documentación externa e interna que se genera en la gestión del *stock*.
→ Determinar la importancia del uso y control informático y de las tecnologías.

1. Introducción

La gestión del almacén no se limita solo a la recepción de mercancías, su almacenamiento y la salida de las mismas. Dicho así, parece una gestión fácil que se realiza en tres o cuatro pasos.

No hay nada más lejos de la realidad. No se trata solo de gestionar el almacén, sino de gestionarlo de manera óptima, sacarle el mayor partido o rendimiento a la gestión del *stock*.

Para eso, es muy importante contar con una herramienta esencial que es el **reaprovisionamiento.** El almacén no debe quedarse vacío o falto de existencias. Debe haber siempre la cantidad de producto o artículos necesarios para poder abastecer a los clientes.

Además, hay que recalcar una de las actividades principales en la gestión de *stock* como es la **preparación del pedido.** Esta función es la principal del almacén ya que se refiere a las ventas que se realizan y, por tanto, busca la satisfacción del cliente, bien sea una empresa intermediaria o un consumidor final.

Para ello, veremos que la realidad práctica de la gestión de *stock* nos obliga a disponer de sistemas informáticos y tecnologías para aumentar la velocidad en menor tiempo y así rentabilizar esta actividad de logística.

Toda esta situación la vamos a plasmar en la gestión de *stock* de la empresa de Calzados Pisasuelos S. L., una zapatería minorista que vende todo tipo de calzado de vestir tanto a público adulto como infantil. Las ventas las realiza de manera presencial en una gran nave que posee en las afueras de la ciudad y vía *online* a través de su propia página web.

2. La herramienta de reaprovisionamiento

 **HILO CONDUCTOR**

En Calzados Pisasuelos S. L. ha habido una incidencia. El frío se ha adelantado antes de la fecha prevista y hay un aumento súbito de demanda que solicita calzado de invierno. En concreto, botas de caña alta forradas con piel de borrego.

Continúa en página siguiente >>

<< Viene de página anterior

Cuando el vendedor acude al almacén, se da cuenta de que no hay ni siquiera existencias del año anterior. Por otra parte, tres clientes internautas han solicitado ese mismo artículo por la web. El gerente de la zapatería no se explica cómo ha podido pasar dicha situación. Decide buscar información en internet para que eso no le vuelva a suceder.

El **reaprovisionamiento** es el acto de volver a aprovisionar, esto es, volver a abastecer, proveer, suministrar, reponer o proporcionar al cliente la cantidad de producto que demanda para cubrir sus necesidades.

Si el almacén es de una **empresa distribuidora intermediaria** cuyos clientes son otras empresas, deberá reaprovisionar en base a lo que sus clientes empresa necesitan para, a su vez estos, poder vender productos a sus consumidores finales.

Si el almacén es de una empresa que **vende a consumidores finales**, deberá reaprovisionar su almacén con las cantidades de producto demandadas por dichos clientes o usuarios.

Por lo tanto, el reaprovisionamiento debe ser óptimo para cumplir dos **objetivos** principales:

- ⮯ Reducción de costes de gestión de almacén.
- ⮯ Aumento de la eficiencia en el proceso de gestión del almacén.

Para realizar un **óptimo reaprovisionamiento** de un almacén se deben tener en cuenta los siguientes **pasos:**

Prever la demanda
- Es necesario prever la demanda por cada tipo de artículo y referencia. Para ello, se deben utilizar las estadísticas de los históricos de venta, así como el estudio de las tendencias del mercado o patrones estacionales.

Calcular el *stock* de seguridad para cada referencia y/o artículo
- Es decir, establecer el *stock* necesario para disponer de dicho artículo en caso de demanda y no quedarse sin él.

Continúa en página siguiente >>

<< Viene de página anterior

> **Realizar los pedidos a los proveedores**
> - Esto es la ejecución o elaboración de las órdenes de pedido para solicitar a los proveedores las mercancías y que estas sean enviadas al almacén y recibidas por el mismo.

Una mala gestión del reaprovisionamiento del almacén, así como la falta de medios o herramientas, implica que se inviertan muchas horas en realizar las mismas funciones de manera ralentizada e ineficiente.

Las **herramientas** principales para un buen reaprovisionamiento en almacén son las siguientes:

- **Un SGA o sistema de gestión de almacenes:** esto es, un buen sistema informático o *software* que nos ayude en la gestión del almacén.
- **Soportes o equipamientos físicos:** contar con maquinaria, herramientas, utensilios y mobiliario modernos que nos ayuden en el transporte, almacenaje y organización de las mercancías.
- **Personal:** el equipo de trabajadores, operarios o personas que trabajen en el almacén deben contar con la cualificación y formación precisa al respecto, pues ayudarán al buen funcionamiento del mismo.
- **Estrategias de venta:** el gestor de almacén debe poner en práctica estrategias de venta para dar salida a toda aquella mercancía que, por los motivos que sean, no ha sido vendida.

2.1. Sistema de gestión de almacenes o SGA

Es de vital importancia que el reaprovisionamiento se realice antes de que el almacén se quede sin mercancías suficientes para proveer de los artículos o productos a los clientes. De ahí la importancia del *stock* mínimo, *stock* óptimo, *stock* de seguridad y rotura de *stock*; estos conceptos se han explicado en la unidad 2.

Existen dos sistemas de revisión de *stock* para realizar el aprovisionamiento:

- **Sistema de revisión continua:** en este sistema el gestor del almacén conoce en todo momento el estado del mismo ya que la información se actualiza cada vez que se realiza una salida (venta) o entrada (compra) de mercancías en el almacén. Actualmente, debido al avance que nos aporta la tecnología y los sistemas informáticos, es posible llevar este control tan actualizado. Con este sistema, cada vez que se produce una salida, una venta o cuando la mercancía se recibe en el destino del cliente, automáticamente se produce otro pedido hacia el proveedor, compra o entrada de mercancía para que no quede el almacén desabastecido. Es decir, se trata de que conforme se producen las salidas, se soliciten las entradas nuevas. Esto permite que en el almacén solo haya el *stock* necesario, sin que tengamos exceso de *stock* con sus posibles riesgos de robo, deterioro, obsolescencia, etc., y con una reducción de costes.

● **Sistema de revisión periódica:** en este sistema, la revisión se realiza a intervalos de tiempo periódicos, sin tener en cuenta otras variables de entradas y salidas que se hayan producido durante esos períodos. Es en este momento en el que se realiza la revisión, cuando se determina cuál es la cantidad idónea a solicitar para que el almacén esté suficientemente abastecido. Cuanto mayor sea la frecuencia y más pequeño el intervalo, más posibilidades de cometer menos errores, mientras que, en caso contrario, si los períodos de tiempo o intervalos son mayores, más posibilidades de cometer errores en el reaprovisionamiento. Este sistema no es muy recomendable si la demanda es desigual, irregular o estacional en el tiempo.

Es fundamental contar con un sistema informático de gestión actualizado que nos ayude al conteo de las mercancías sin tener que recurrir al conteo manual. Supondrá un ahorro de tiempo y costes significativos. Eso no evita que en los momentos adecuados sea necesario realizar inventario y comprobar que las mercancías físicas que se encuentran en el almacén se corresponden con las cantidades que nos marca el sistema informático.

 **NOTA**

Es importante que el sistema de gestión de almacenes (SGA) tenga una gran capacidad para almacenar un gran número o volumen de referencias, así como una velocidad en el propio sistema a la hora de ejecutar su funcionamiento.

 **VÍDEO**

En el siguiente vídeo se muestra el uso que puede darse a los drones fábricas para que desarrollen labores de vigilancia, control y gestión de los inventarios.

Continúa en página siguiente >>

<< Viene de página anterior

https://redirectoronline.com/coml016po0401

2.2. Soportes o equipamientos físicos

Los soportes o equipamientos físicos son el conjunto de maquinaria, herramientas, utensilios y mobiliario modernos que nos ayudan en el transporte, almacenaje y organización de las mercancías.

Los **objetivos y ventajas** que nos ofrece el **uso de los soportes y equipamientos físicos** son los siguientes:

> Minimizar el tiempo de transporte, manipulación, organización y almacenamiento de la mercancía.

> Evitar sobreesfuerzos por parte del personal que trabaja en el almacén.

> Reducir costes de tiempo y esfuerzo que se traducen en costes económicos o de dinero.

> Contribuir a realizar las actividades, tareas y funciones de forma más eficiente y eficaz.

La cantidad y variedad de soportes o equipamientos físicos va a depender de la **dimensión** o **tamaño del almacén,** es decir, si es muy grande o muy pequeño, y de la **automatización** del mismo, es decir, si están las tareas muy mecanizadas y modernas o si se desempeñan de forma manual y tradicional.

La carretilla manual transportadora facilita al operario el traslado de mercancías con peso excesivo o de gran volumen.

Los soportes o equipamientos físicos se pueden dividir en dos grandes **grupos:**

➲ **Estáticos:** que no implican movimiento o traslado y suelen ser los soportes o recipientes de almacenamiento, como, por ejemplo, un tanque cilíndrico en el que se almacenan litros o metros cúbicos de un producto líquido.
➲ **Dinámicos:** que implican movimiento o traslado y suelen ser la mayoría de máquinas que sirven para dicho fin, como, por ejemplo, una carretilla elevadora.

El uso de soportes o equipamientos físicos ayuda a automatizar las tareas y funciones a desempeñar.

La **automatización** es importante para:

➲ **Calcular la previsión de la demanda:** de ahí la importancia de los *softwares* o programas que nos ayudan en dicho cálculo con la realización de listados o estadísticas de movimientos históricos o pasados en períodos anteriores en la empresa.
➲ **Calcular el *stock* óptimo:** mediante fórmulas ya ingresadas en dichos programas informáticos, al introducir las compras y las ventas realizadas, las alarmas del sistema nos avisan de cuándo debemos realizar los pedidos u órdenes de reaprovisionamiento para no llegar a la rotura de *stock* y mantener el *stock* mínimo o el *stock* óptimo para poder abastecer a nuestra clientela.

A continuación, vamos a ver un ejemplo de cómo prever la demanda con el objetivo de automatizar la gestión de *stock*.

 **EJEMPLO**

Una tienda de bicicletas observa en las estadísticas del año anterior que las ventas realizadas de bicicletas infantiles fueron las siguientes:

- Marzo: 1.500 uds.
- Abril: 2.300 uds.
- Mayo: 700 uds.
- Junio: 3.700 uds.

En base a estos datos, puede hacer una previsión para el presente año. Teniendo en cuenta algunos acontecimientos, como la celebración de primeras comuniones en mayo, que hizo que aumentaran las ventas en abril, y la finalización del curso escolar en junio, que hizo que aumentasen las ventas como premio y celebración de las buenas notas obtenidas.

2.3. Personal

El **personal** es el conjunto de empleados o trabajadores que desempeñan las diferentes tareas y funciones relacionadas con el almacén. Deben contar con la cualificación y formación precisa al respecto para ayudar al buen funcionamiento del mismo.

NOTA

En las tiendas o empresas detallistas es muy importante la automatización en el reaprovisionamiento del almacén para permitir que los encargados de tiendas se centren en otras funciones como la atención al cliente y la gestión de sus equipos o recursos humanos, en lugar de invertir mucho tiempo en la realización de inventarios o realización de pedidos para el reaprovisionamiento.

El personal puede presentar ciertos **problemas** a la empresa, como son:

Mala cualificación
- Si el personal no está debidamente cualificado, se pueden dar situaciones en las que no se prevé la demanda y se produce exceso o rotura de *stock* por esa falta de previsión y ese mal cálculo de *stock* que hace que se ejecuten de forma incorrecta los pedidos a proveedores.

Alta rotación
- Otro de los problemas que se pueden encontrar en una empresa de logística es el de la rotación de su plantilla. Si esta rotación es muy alta o frecuente, podemos encontrar el problema de que cuando el personal ya se está familiarizando con las funciones y tareas del reaprovisionamiento, deciden cambiar de empleo a otra empresa, lo que supone una inversión continua en formación de los recursos humanos. Un plan de fidelización de empleados favorece que estos permanezcan en la empresa, de manera que una vez formados, adquieren las rutinas de los procesos y protocolos a seguir, mecanizando y automatizando las tareas y siendo, por tanto, más rápidos y veloces en su desempeño. Además de suponer un ahorro en costes de procesos de selección frecuentes.

NOTA

No olvides que, por muy automatizados que se encuentren los procesos, el trato personal y la contratación de recursos humanos son imprescindibles en una empresa de logística. El trabajador o empleado siempre podrá aportar opiniones, percepciones o detectar fallos que una máquina o robot no los aprecia.

Una empresa de logística cuenta con algunos departamentos comunes a otras empresas, como pueden ser los de recursos humanos, administración y contabilidad, financiero, etc.

Sin embargo, existen otros **departamentos** más concretos o ligados a la propia actividad de la logística y el almacenaje, como pueden ser:

⮕ **Departamento de Producción:** este departamento es necesario en empresas donde se produce o se fabrica el producto. Abarca áreas o funciones relacionadas con la planificación de la producción, la ingeniería y el diseño del producto, así como las funciones relacionadas con la fabricación del mismo.

- ⮑ **Departamento de Distribución:** este departamento abarca todas las áreas o funciones relacionadas con la actividad de transporte, el almacén de los productos terminados en aquellas empresas que se dedican a la fabricación, el proceso de los pedidos y la gestión de *stock* o mercancías.
- ⮑ **Departamento de *Marketing:*** este departamento lleva a cabo funciones relacionadas con la captación de clientes, bien se trate de clientes individuales o consumidores finales, o bien se trate de clientes empresas que se dedican a tareas de intermediación entre el proveedor, fabricante o productor y el cliente o consumidor final con el fin de acercarle dicho bien. También realizan estudios de mercado con la finalidad de realizar una previsión anticipada de ventas.
- ⮑ **Departamento de Ventas:** este departamento realiza funciones relacionadas directamente con la actividad de compraventa, esto es, el intercambio del bien o producto que ofrecen a cambio de una cantidad económica que el consumidor o cliente está dispuesto a pagar.
- ⮑ **Departamento de Insumos:** este departamento gestiona lo relacionado con las compras y la gestión de las materias primas en caso de fabricación de productos.

El consumo de un producto, bien o artículo es el uso del mismo. Esto implica que se gaste, que desaparezca, que envejezca, que pierda sus propiedades iniciales, etc. El **insumo** es lo contrario, es aquello que se utiliza para producir o fabricar el producto para, posteriormente, ser consumido.

DEFINICIÓN

Insumo
Es el bien o conjunto de bienes que se emplean para producir o fabricar otros bienes.

Una buena organización y gestión de estos departamentos desembocará en una buena gestión del reaprovisionamiento de un almacén.

 **PARA SABER MÁS**

En el siguiente enlace puedes conocer cuáles son los perfiles más demandados para trabajar en un almacén.

https://redirectoronline.com/coml016po0402

2.4. Estrategias de venta

En una empresa de logística, dar salida a las mercancías significa la venta de dicho género. Las ventas de productos no se realizan solas, es necesario aplicar estrategias de venta para su incremento.

DEFINICIÓN

Estrategia de ventas
Es el conjunto de acciones enfocadas a incrementar las mismas.

Es importante disponer de productos o mercancía de calidad si queremos satisfacer las necesidades y deseos de los clientes, sean clientes empresa o clientes individuales. Nuestros clientes empresa son empresas intermediarias. Al final, el producto llegará a consumidores finales. Por lo tanto, los productos deben garantizar unos estándares mínimos de calidad.

Las buenas estrategias de ventas favorecen que estemos al tanto del reaprovisionamiento del almacén. Ayudan a que exista una fluidez de entradas y salidas de mercancías dando lugar a que no caduquen, que no se estropeen, que no se queden obsoletas, etc.

Las estrategias de venta se basan en dos aspectos fundamentales: el **precio** y el **descuento.**

Estrategias de precio

Las estrategias de venta basadas en el precio son el conjunto de acciones enfocadas a conseguir un incremento de ventas mediante una óptima fijación de precios.

Las más habituales son:

- ⮑ **Precios complementarios según temporadas y horarios:** consiste en incrementar el precio en temporadas altas en las que el consumo por parte de la demanda es mayor, y disminuirlos en temporadas bajas en las que la demanda es menor.
- ⮑ **Precio por categoría y nivel de confort de los servicios o prestaciones:** consiste en establecer un precio en un producto base o de gama baja, e ir incrementando dicho precio conforme al producto se le añaden ciertas prestaciones o servicios que hacen que incremente su valor. Por ejemplo, un coche parte de un precio base y conforme se solicitan más prestaciones o servicios en dicho coche, va incrementando su valor: aire acondicionado, GPS, wifi, asientos con calefacción, cámaras de visión central, etc.

- **Precios de penetración:** esta estrategia, al contrario que la estrategia del precio descremado, reside en establecer un precio bajo desde el inicio e ir subiéndolo de forma paulatina conforme el producto se introduce y se expande en el mercado y es consumido por mayor número de demanda. Es típico de productos de nuevo lanzamiento.
- **Precios de línea:** esta estrategia consiste en ofrecer distintos productos a unos precios muy similares o un precio medio. Por ejemplo, los bazares de _todo a 2 €_ en los que todos los productos se encuentran a ese precio, independientemente de que los costes de unos y otros pueden no ser costes fijos en todos ellos.
- **Precios de prestigio:** esta estrategia está basada en subir el precio un poco por encima del precio normal fijado por la competencia. De esta manera, el cliente o consumidor percibe que tu producto se diferencia de los demás porque tiene un valor especial o un valor añadido que los demás no tienen.
- **Precios "todo incluido" o precios _pack_:** esta estrategia se basa en englobar varios productos o servicios estableciendo un precio global para venderlo como un todo. Es muy habitual en el sector servicios, por ejemplo, paquetes vacacionales, hoteles con régimen alimenticio de todo incluido, seguros a todo riesgo, etc. En el sector de productos encontramos ejemplos como set de baño, que incluye gel, desodorante y crema corporal; set de limpieza, que incluye una botella de lejía, una bayeta y una fregona; set para bebés, que incluye polvos de talco, colonia infantil, pañales y toallitas, etc.
- **Ofertas, superofertas, ofertón, etc.:** son precios especiales que se ofrecen cuando se quiere incrementar la venta de un producto que se desea promocionar.
- **Precio impacto:** consiste en establecer un precio que cause impresión o efecto en el consumidor o cliente, generalmente por ser más económico que otros productos iguales o similares en el mercado.
- **Precio descremado (alta y nuevas tecnologías):** se trata de aplicar precios muy elevados debido al gran valor del producto, que luego se va abaratando conforme el producto va quedando obsoleto. Esta estrategia se da principalmente en productos de alta y nuevas tecnologías, donde los precios iniciales son muy elevados y, conforme el producto se introduce en el mercado, se va popularizando y va pasando el tiempo, entonces se produce un abaratamiento paulatino. Esto se debe a que ya no es tan novedoso e incluso porque está a punto de salir una versión mejorada del mismo.
- **Precios de mantenimiento:** esta estrategia estriba en establecer un precio adecuado y no muy variable a lo largo de todo el ciclo de vida del producto. Es la más usual en productos donde hay mucha competencia y donde se encuentran productos iguales o similares en el mercado.
- **Precios líderes:** esta estrategia consiste en dirigir la demanda abaratando el precio del producto. Se denomina así porque suele ser una

empresa líder dentro de un sector la que aplica este tipo de estrategia, de modo que el resto de empresas del mismo sector siguen sus pasos abaratando el precio del producto en cuestión.

➲ **Precios pares-nones o pares-impares:** es una estrategia basada en la psicología. El individuo tiene una tendencia a fijarse más en los números enteros que en los decimales, o en la parte de mayor valor que en la de menor valor unitario. Por ejemplo, en un precio de 25,99 €, el cerebro tiende a fijarse o apreciar más hacia 25 € que hacia 26 €. En un precio de 1.999 €, se tiende más a fijar o apreciar en la unidad de millar 1 que en la 2, percibiendo el precio como mil y pico euros, en lugar de dos mil.

➲ **Estrategias de obsequios o incentivos:** consiste en incentivar al consumidor o cliente con un "premio" por comprar nuestro producto. Por ejemplo, un periódico o revista que, por comprar su versión en papel, regala un abanico u otro detalle. A nivel de mayoristas, se ofrecen estos incentivos a los minoristas. Por ejemplo, si la empresa minorista vende una cierta cantidad de unidades, una empresa mayorista o proveedor regala a la empresa minorista un televisor por cada 5.000 unidades vendidas de un producto. Esto provoca que los vendedores de la empresa minorista incrementen las ventas de un producto, no por la calidad del mismo o por satisfacer la necesidad del consumidor, sino con la finalidad de obtener ese premio. Hay quienes consideran estas estrategias poco éticas al anteponer el beneficio personal al beneficio colectivo de la empresa o de la demanda.

Estrategias de descuentos

Las estrategias de venta basadas en el descuento son el conjunto de acciones enfocadas a conseguir un incremento de ventas mediante la aplicación de descuentos sobre los precios ya fijados, estipulados o determinados anteriormente. Las más frecuentes son:

➲ **Descuento por cantidad:** consiste en aplicar un descuento por un volumen de ventas. De modo que cuanta más cantidad de producto compre el cliente o minorista, más ventajoso resulta el precio para quien paga, y más ventajoso para el proveedor o mayorista que ve así incrementadas sus ventas.
Por ejemplo, un proveedor ofrece un artículo a 10 €/ud., pero si compras 100 artículos el precio desciende a 8 €/ud., si compras 500 artículos el precio desciende a 6 €/ud., etc.

➲ **Descuento por pago anticipado:** consiste en aplicar un descuento si el pagador paga en un plazo adelantado al plazo previamente estipulado. El proveedor o mayorista obtiene liquidez de manera más rápida y el minorista o cliente obtiene una reducción en el precio.

⮑ **Descuento por edad u otras condiciones personales:** esta estrategia se aplica más en el sector servicios a los clientes finales. Son descuentos que obtiene el consumidor por reunir una condición especial por edad u otra causa.

⮑ **Descuento por intermediación (clientes prescriptores):** consiste en aplicar un descuento al cliente prescriptor que va a vender nuestro producto. Debemos diferenciar dos casos:

1. **Cuando la venta se produce del mayorista al minorista.** A su vez, podemos distinguir dos situaciones:

   ⇕ El mayorista predetermina el precio y le ofrece una comisión al minorista.
   ⇕ El mayorista no predetermina el precio y le ofrece al minorista un precio reducido para que este añada el margen de beneficio que desea obtener.

2. **Cuando la venta se produce del minorista al cliente prescriptor.** En ese caso, el cliente prescriptor no conoce el coste del producto pero sí el PVP, por lo que se suele ofrecer un descuento en cantidad absoluta o en porcentaje hasta el punto de que pueda obtener el artículo gratis.

⮑ **Descuento por fidelidad:** esta estrategia consiste en premiar con descuentos a la empresa minorista o al consumidor final por ser fiel a la empresa vendedora. Esta fidelidad suele venir expresada por tiempo, meses o años, de relación comercial o por cantidad facturada en las operaciones de compraventa de dicha relación comercial. Por ejemplo, clientes que nos compran desde hace más de 2 años, clientes que nos facturan más de 50.000 €, etc.

 **TAREA 9**

El proveedor SUPERAROMAS S. L. vende los siguientes artículos de frascos de perfume a los siguientes precios:

• Artículo Perfume Floral 10 €/ud., si > 100 unidades 9 €/ud.
• Artículo Perfume Intenso 15 €/ud., si > 500 unidades 9 €/ud.
• Artículo Perfume Frutal 22 €/ud., si > 200 unidades 18 €/ud.
• Artículo Perfume Cítrico 25 €/ud., si > 150 unidades 20 €/ud.

Continúa en página siguiente >>

<< *Viene de página anterior*

La empresa cliente minorista DULCES FRAGANCIAS S. L. realiza el siguiente pedido para vender los productos en su tienda:

- Artículo Perfume Floral 110 uds.
- Artículo Perfume Intenso 510 uds.
- Artículo Perfume Frutal 210 uds.
- Artículo Perfume Cítrico 160 uds.

Ahora, calcula el importe si se solicitan 10 unidades por debajo de los mínimos:

- Artículo Perfume Floral 90 uds.
- Artículo Perfume Intenso 490 uds.
- Artículo Perfume Frutal 190 uds.
- Artículo Perfume Cítrico 140 uds.

¿Cuál es la diferencia de importe total entre pedir 10 unidades por encima o 10 unidades por debajo de los pedidos mínimos de cantidad?

APLICACIÓN PRÁCTICA

Calzados Pisasuelos S. L. ha realizado un pedido con el siguiente material y los siguientes precios:

- **500 pares de zapatos de fiesta a 10 €/par.**
- **700 pares de sandalias a 4 €/par.**
- **1.200 pares de zapatos estilo deportivo a 7 €/par.**

Generalmente, pagan a 60 días ya que es lo que tienen firmado con dicho proveedor. En esta ocasión, el proveedor necesita liquidez, así que le ha ofrecido la opción de que, si paga con la siguiente antelación, conseguirá los siguientes descuentos, según si realiza el pago:

- **Entre 1 - 5 días a factura vista: 25 % descuento.**
- **6 - 10 días a factura vista: 15 % descuento.**
- **11 - 20 días a factura vista: 5 % descuento.**

¿Podrías decir qué porcentaje y cantidad se ahorraría el gerente de Calzados Pisasuelos S. L. en cada caso?

Continúa en página siguiente >>

<< Viene de página anterior

Solución

El importe real a pagar, en condiciones normales, sería:

- 500 pares zapatos fiesta × 10 € = 5.000 €
- 700 pares sandalias × 4 € = 2.800 €
- 1.200 pares zapatos estilo deportivo × 7 € = 8.400
- Total 5.000 + 2.800 + 8.400 = 16.200 €

El importe que se ahorraría en cada caso es:

- 25 % s/16.200 = 4.050 €
- El 15 % s/16.200 = 2.430 € supone el ahorro
- 5 % s/16.200 = 810 €

 **EJEMPLO**

En el siguiente gráfico, podemos ver un modelo de cliente prescriptor a quien aplicar un descuento por intermediación. En este caso, se intentará convencer, persuadir o vender nuestro producto al cliente prescriptor, que es la figura del jefe de ventas de la zona de Aragón. Como jefe de ventas de dicha zona, intentará motivar, convencer o persuadir a los responsables de ventas de las sucursales o tiendas situadas en las provincias de Huesca, Teruel y Zaragoza. De esta manera, el proveedor sitúa su producto en los puntos de venta de esa empresa minorista en Aragón, gracias a la intermediación del jefe de ventas de dicha zona, a quien le aplicará un descuento por las ventas realizadas.

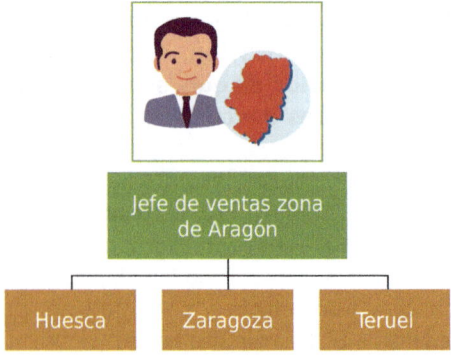

Los clientes prescriptores en los consumidores finales son los líderes de un colectivo. Por ejemplo, el presidente de una comunidad de vecinos, el párroco de una parroquia, el hermano mayor de una hermandad, el entrenador de un equipo deportivo, el profesor o delegado de una clase, el presidente de una asociación, etc. A ellos se les aplica un descuento si venden el producto a dicho colectivo.

Canales para comunicar las estrategias de ventas

No debemos confundir las estrategias de ventas con las estrategias de *marketing.*

Las **estrategias de *marketing,*** entre otras, sirven para comunicar al cliente o consumidor las estrategias de ventas aplicadas en base a precios o en base a descuentos.

Así, podemos encontrar dos tipos de canales:

- **Canales de *marketing* indirecto:** son aquellos en los que se dirigen al público en general o a empresas minoristas del sector, en general. Los canales utilizados pueden ser los medios de comunicación masivos, como prensa, radio, televisión, carteles anunciadores, vallas publicitarias, etc.
- **Canales de *marketing* directo:** son aquellos en los que se dirigen a los clientes reales o que están interesados en nuestros productos y que nos han autorizado al envío de publicidad. Los canales utilizados son las redes sociales, el *e-mailing,* el *telemarketing,* etc.

Las redes sociales son un canal de marketing directo, ya que nos dirigimos a nuestros fans, seguidores o contactos, que nos siguen porque están interesados en nuestros productos o servicios.

3. La unidad de pedido o unidad de tiempo

👉 HILO CONDUCTOR

En Calzados Pisasuelos S. L. hay un empleado encargado de la gestión de los pedidos que los clientes internautas realizan por internet. Sin embargo, cuando habla con el responsable de contabilidad, siempre existe confusión entre ellos cuando hablan de los pedidos, porque unas veces se refieren a la orden de pedido, otras veces se refieren a una caja donde van varios pares de zapatos y otras veces, simplemente, a un par de zapatos. El gerente decide impartir a ambos una pequeña formación al respecto de lo que es una unidad de pedido.

Una vez estudiada la herramienta del reaprovisionamiento para que nuestro almacén no se quede vacío o escaso de uno o varios productos, vamos a estudiar lo relativo a la elaboración de pedidos o ventas que realizamos.

El cliente empresa o consumidor final solicita un producto, artículo o bien. Inmediatamente, se comprueba la forma de pago acordada (prepago, contra reembolso, a 30-60-90 días, etc.) y se procede a la preparación del pedido.

 **NOTA**

La operativa de la preparación del pedido abarca los siguientes pasos:

1. Recogida de las mercancías y entrada al almacén.
2. Ubicación, colocación u organización de las mercancías en las zonas y estanterías del almacén.
3. Preparación del pedido para la entrega al cliente.
4. Envío o transporte de la mercancía.

En el actual apartado nos vamos a centrar en la **preparación del pedido.** Este proceso es similar desde los grandes puertos donde se realizan las cargas y descargas hasta la pequeña empresa que dispone de un pequeño almacén donde se guardan los productos para su posterior ubicación en la zona de venta.

3.1. Preparación de pedidos en distintas empresas y actividades

La preparación de pedidos o *picking* es una tarea fundamental en las empresas de logística y las empresas que disponen de un almacén.

 **DEFINICIÓN**

Preparación de pedidos o *picking*
Conjunto de acciones relacionadas y destinadas a la selección, recogida, nueva ubicación en el almacén y registro de salida de las mercancías que han sido solicitadas por el cliente.

El aumento de la preparación de pedidos significa que existe un aumento de ventas, dando salida a los productos vendidos y dejando espacio físico para los productos comprados o entrantes.

Si la demanda solicita productos pero no se preparan los pedidos, además del mal servicio que ofreceremos al cliente, provocaremos una rotura de *stock* al no poder comprar nuevos productos por no tener espacio donde almacenarlos o, si ya están comprados, nos encontraremos con un exceso de mercancía sin espacio físico donde ubicarla.

Con el aumento de las ventas por internet, comercio *online* o *e-commerce,* las empresas se han dado cuenta de la importancia de una buena gestión del almacén. Lo contrario produce incertidumbre y pérdidas económicas y de tiempo, tanto a clientes como a empleados y empresarios.

Para proceder a la preparación del pedido, primero debemos recibir un documento denominado **orden de pedido u hoja de pedido.** Este documento puede ser en formato manuscrito en papel con copia, en un archivo de texto que se envía por correo electrónico, en un formulario ofrecido por la empresa vendedora en su página web, etc.

Confecciones Tely, S. A.
Ruo. 129391-9283

ORDEN DE COMPRA Nº 0001

Proveedor: TIENDAS MIL, S. A.

Fecha del pedido: 01/08/20XX Fecha de pago: 29/08/20XX
Términos de entrega: En las instalaciones de la fábrica

Sírvanse por este medio suministrarnos los siguientes artículos:

N.º	Artículo	Cant.	Precio Unitario	Precio Total
1	Tela blanca 60 % algodón y 40 % poliéster	1.500	45	67.500
2	Tela amarilla 60 % algodón y 40 % poliéster	300	45	13.500
3	Hilo blanco core 40 kobav 40	10	20	200
4	Hilo amarillo core 40 kobav 40	2	20	40
5	Botones blancos N.º 18	7.000	0,25	1.750
6	Botones amarillos N.º 18	1.400	0.25	350
7	Etiquetas	1.200	2	2.400
			Coste total	85.740

Elaborado por: _____ Autorizado por: _____

Recibido por: _____

Una vez que la empresa proveedora recibe la orden de pedido por parte de la empresa minorista o del consumidor, se procede a la preparación del pedido.

La empresa de logística también realiza órdenes de pedido cuando solicita mercancías a sus proveedores. Por lo tanto, en la empresa habría que distinguir entre:

⮞ Órdenes de pedido recibidas desde los clientes por las que se vende el producto.
⮞ Órdenes de pedido emitidas hacia los proveedores por las que se compra el producto.

IMPORTANTE

No se debe confundir una orden u hoja de pedido con un **presupuesto.** El presupuesto es un documento informativo que se le entrega al cliente, a petición de este, donde se le informa de un producto, precios, cantidades, forma y plazos de pago, etc. Este documento se emite para plasmar una posible intención de compraventa, pero no significa que la misma se ejecute.

La realización y entrega de presupuestos no son una venta real, pero permiten un seguimiento en el proceso de venta y una predicción en la previsión de almacenamiento para la posible formalización de las ventas.

La **realización del pedido** comienza desde que se recibe la orden u hoja de pedido hasta que se envía, entrega y se cobra al cliente.

Sin embargo, se considera **preparación del pedido** desde que se selecciona la mercancía del almacén hasta que se envía y entrega al cliente.

IMPORTANTE

Los factores a tener en cuenta en una correcta preparación del pedido o *picking* son las siguientes:

• Control del espacio en el almacén, determinando las zonas donde se apila la mercancía y las zonas libres o de paso por donde van a transitar los operarios y las máquinas.

Continúa en página siguiente >>

<< Viene de página anterior

- Determinación y señalización de un espacio o área donde se acumulará la mercancía seleccionada a la que se le dará salida.
- Señalización de la mercancía saliente.
- Indicaciones (escritas, por voz o por dispositivos electrónicos) de uso o de maquinaria para manipular y transportar dicha mercancía saliente.
- Indicaciones (escritas, por voz o por dispositivos electrónicos) acerca de los pedidos.
- Registro, en el programa informático de gestión, de las mercancías salientes, para actualizar los *stocks* disponibles.

3.2. Consideraciones para la preparación de pedidos

Para la preparación de pedidos es primordial una **buena gestión del almacén.** De esta manera, todos los pasos estarán bien gestionados, desde la recepción de la mercancía, la colocación en el almacén, el control de los inventarios y la retirada del producto cuando es solicitado por el cliente.

Las **consideraciones** a tener en cuenta en la preparación de pedidos son las siguientes.

Recepción de la orden de pedido

Cuando se recibe la orden de pedido del cliente, se comprueba que esa mercancía está disponible en el almacén y se informa y se dan órdenes a los operarios acerca de las tareas que deben ejecutar. La información y órdenes que se proyectan a los operarios se pueden realizar por varias vías de comunicación: oral, escrita o informatizada. Es aconsejable determinar procesos de cómo se debe realizar la preparación de pedidos para que todos los operarios conozcan cómo se hace y, así, no estar dando dichas órdenes de manera constante, salvo cuando haya algo especial que recalcar por ser anómalo o diferente al proceso habitual. A los operarios se les informará sobre la cantidad de producto que deben seleccionar y trasladar desde el punto donde este se encuentra almacenado al punto o área de nueva ubicación para la preparación del pedido.

Optimización de los trayectos

Para optimizar los trayectos también es importante que exista amplitud en las zonas de tránsito de operarios y maquinaria o carretillas para permitir un tránsito fluido.

Optimización de trayectos

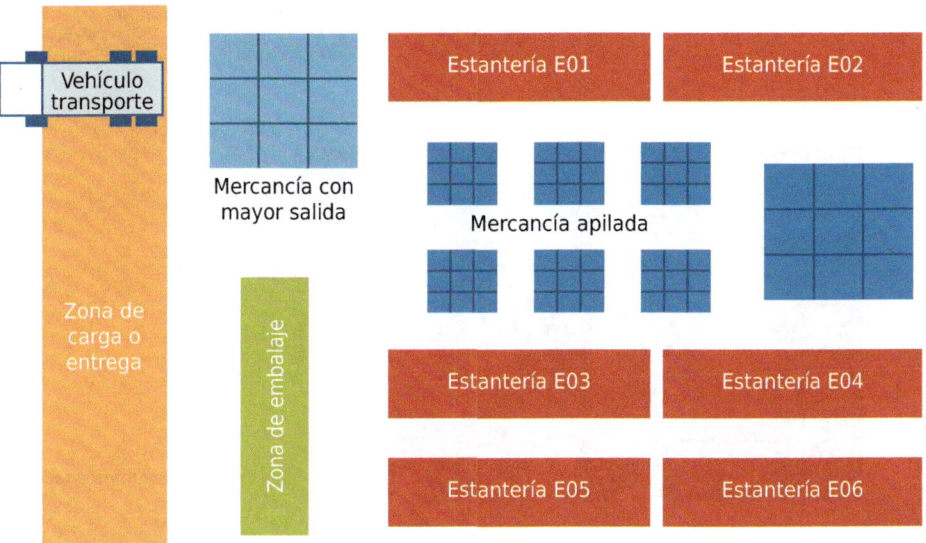

Plano de almacén donde se aprecia la ubicación de las estanterías; en el centro, la mercancía seleccionada, que se apila para darle posterior salida, la ubicación de la mercancía con mayor salida y la zona de embalaje.

Ubicación correcta de las mercancías de salida

Es recomendable que las mercancías con mayor rotación o salida se coloquen cerca de la zona de salida. Para ello, se debe disponer de equipos, herramientas y utensilios que nos ayuden en el traslado y colocación de mercancías, como pueden ser cintas y rodillos transportadores, elevadores de cargas, grúas, montacargas, etc.

Equipos para la manipulación y almacenamiento de mercancías

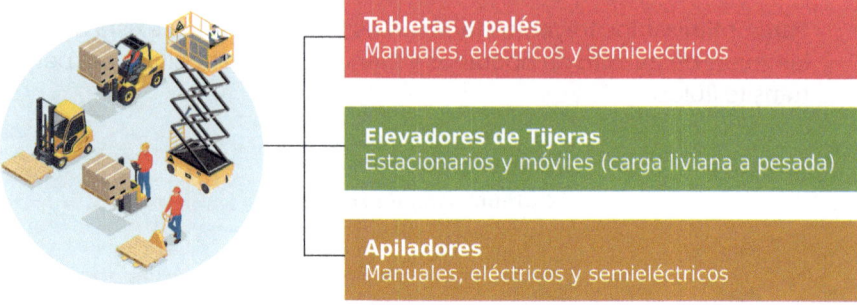

Tabletas y palés
Manuales, eléctricos y semieléctricos

Elevadores de Tijeras
Estacionarios y móviles (carga liviana a pesada)

Apiladores
Manuales, eléctricos y semieléctricos

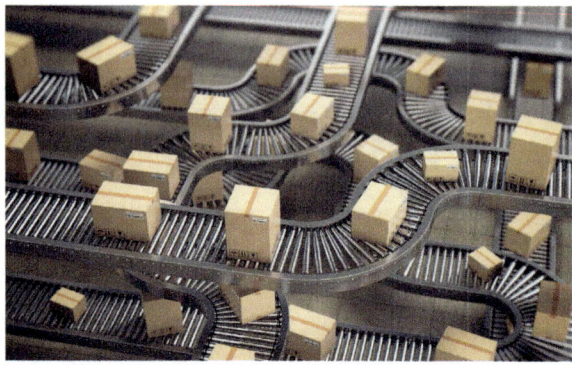

Ejemplo de cinta transportadora de rodillo

También se debe disponer de lugares para la ubicación de dichas mercancías, como son las estanterías fijas o móviles, como las estanterías autoportantes, compactas, dinámicas, de carrusel vertical, etc.

Ejemplo de estantería dinámica. Se encuentran ligeramente inclinadas y cuando se retira mercancía de la parte delantera, el resto de la mercancía se desplaza hacia delante. Parecido a las máquinas de vending de snacks o refrescos.

Las estanterías más modernas traen dispositivos de recuento automático de mercancías, donde suman y restan las mercancías que se depositan y las que se recogen, de este modo, solo con mirar una pantalla se puede saber cuántas mercancías hay depositadas en la estantería, facilitando así el recuento físico a la hora de hacer el inventario.

 **EJEMPLO**

Se deben almacenar por separado los productos de limpieza o productos tóxicos de los productos de alimentación.

Para ahorrar tiempos duplicados o inútiles en los desplazamientos, es importante haber hecho un estudio de optimización de trayectos. Es decir, un estudio de las pequeñas rutas que se deben realizar dentro del almacén para no estar yendo y viniendo de manera innecesaria.

3.3. La unidad de pedido

Antes de definir el concepto de unidad de pedido, vamos a diferenciar los conceptos de unidad de pedido y unidad de carga, ya que en el ámbito popular, la gente los utiliza de manera indiscriminada como si fuesen sinónimos, pero logísticamente hablando no lo son. Una vez definido, vamos a ver que hay casi tantos tipos de pedido como necesidades tiene cada empresa o cliente, y veremos los diferentes tipos de embalaje que se pueden utilizar para envolver o empaquetar los pedidos.

Diferencia entre unidad de pedido y unidad de carga

Para distinguir estos dos conceptos vamos a empezar por definir la **unidad de carga.**

En general, la mercancía se transporta en grandes medios de transporte, como los barcos, aviones, trenes y camiones. Se transporta en grandes contenedores *(containers)* o grandes elementos modulares. En estos contenedores puede haber mercancía o artículos de distintos tipos que pueden pertenecer incluso a diferentes pedidos. Dentro de estos contenedores, la mercancía se encuentra en cajas o palés correctamente apilados para facilitar su transporte y manejo posterior.

Ejemplo de contenedores apilados en instalaciones portuarias, aeroportuarias, ferroviarias y de logística terrestre.

 **DEFINICIÓN**

Unidad de carga

Cada uno de estos contenedores o elementos modulares que transportan diferentes unidades de mercancías o unidades de pedido.

- -

La **unidad de pedido** es el conjunto de artículos o productos solicitados por un cliente dentro de una misma orden de pedido.

Ahora fíjate en el siguiente gráfico para ver las diferencias entre ambos conceptos.

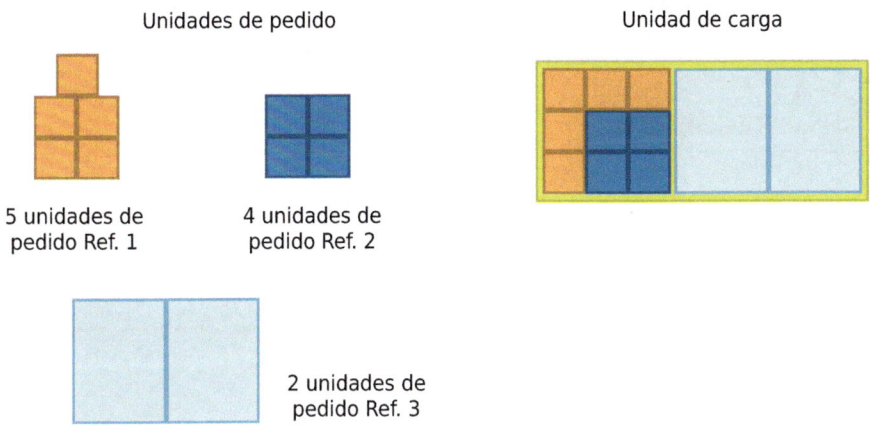

Diferencia de unidades de pedido y unidad de carga

Unidades de pedido

Unidad de carga

5 unidades de
pedido Ref. 1

4 unidades de
pedido Ref. 2

2 unidades de
pedido Ref. 3

Tipos de pedido

Existen diferentes tipos de pedidos, desde los que solo requieren una unidad de carga hasta los que requieren solo una unidad de pedido.

De ahí la importancia de priorizar y unificar los pedidos en función de las empresas demandantes o clientes.

 **EJEMPLO**

Imagina una unidad de carga donde caben 5 unidades de pedido, de las cuales 3 son para el cliente o empresa A y 2 para el cliente o empresa B. La ruta del transportista solo realizará dos paradas, una en la empresa A y otra en la empresa B.

Ahora imagina la misma unidad de carga con las 5 unidades de pedido, cada una de un cliente o empresa diferente. La ruta del transportista realizará cinco paradas, en la empresa A, B, C, D y E.

Al priorizar y unificar unidades de pedido dentro de una unidad de carga se ahorran costes de transporte y costes de tiempo de envíos, ofreciendo un envío lo más completo posible en el menor tiempo. Esta priorización debe tener en cuenta aquellos pedidos que son solicitados como urgentes de aquellos que no lo son tanto. En cualquier caso, se trata de entregar el pedido perfecto, es decir, en las condiciones perfectas o excelentes.

 **RECUERDA**

El pedido perfecto es el que se entrega en el plazo acordado y sin errores de ningún tipo, es decir, las cantidades y tipos de artículos solicitados, sin roturas ni desperfectos y con toda su documentación.

Embalaje

Una vez que se recibe la orden de pedido procedente de la empresa cliente, se da la orden de preparación del pedido, se comprueba que la mercancía está en *stock*, se retira de la zona almacenada para situarla en la zona de preparación de pedidos y se procede a su embalaje.

 **DEFINICIÓN**

Proceso de embalaje
Conjunto de acciones enfocadas a envolver o empaquetar un artículo, bien o producto para que su transporte se realice de manera segura, prevenirlo de posibles golpes u otras incidencias e incluso facilitar su transporte manual.

Las **características propias de un producto que determina el tipo de embalaje** son:

- ➲ **Peso:** los artículos pueden pesar desde unos gramos hasta toneladas.
- ➲ **Volumen:** es el espacio o tamaño que ocupan. Por ejemplo, no es igual el volumen que ocupan 100 *blocs* de notas que 100 lavadoras.

- **Material del que está hecho:** es la materia prima principal de la que está fabricado el producto, como papel, tela, plástico, metal, madera, etc. Esto determinará, por ejemplo, que se tenga que embalar con un material impermeable o no.
- **Fragilidad:** es el grado de elasticidad que contiene el producto. Si la elasticidad es muy alta el producto será poco o nada frágil. Si, por el contrario, la elasticidad es muy baja o nula, el producto será muy frágil. Por ejemplo, los vasos de cristal son mucho más frágiles a la hora de transportar que las esponjas de baño.
- **Valor económico:** es el grado de utilidad o aptitud del producto con el que cuenta para satisfacer las necesidades y deseos de los clientes. Este grado de utilidad o aptitud se traduce en moneda corriente, dándole así el valor económico. Este valor económico se debe considerar desde dos puntos de vista:

  - El coste del producto. Esto es el valor económico de lo que ha costado fabricar o producir dicho artículo.
  - El precio de venta al público. Esto es el valor por el que se va a vender dicho producto.

  Si un producto se estropea durante su traslado, puede suponer poca pérdida si su coste es bajo, pero una gran pérdida si su PVP es elevado. Se consideran pérdidas, ya que la mercancía que se ha dejado de vender supone el no ingreso de dinero. Esto dependerá de los márgenes comerciales o márgenes de beneficio que se carguen en los diferentes productos.
- **Necesidad de temperatura concreta:** hay productos que necesitan una temperatura concreta o adecuada en su almacenamiento, transporte y conservación, como pueden ser ciertos alimentos o medicamentos.
- **Peligrosidad:** un producto peligroso es aquel que puede ocasionar daño en la persona que lo utiliza o manipula. Existen artículos tóxicos, inflamables, explosivos, corrosivos, infecciosos, radiactivos, etc.

Podemos hablar de tres **tipos de embalaje en base al transporte:**

Embalaje primario	Embalaje secundario	Embalaje terciario

- Es el que proporciona seguridad al producto y está en contacto directo con él. Por ejemplo, el porexpán blanco, papel de periódico, papel de burbujas, etc.	- Suele ser la caja donde se guarda el producto junto con el embalaje primario. Garantiza que el producto no se mueva o se desplace dentro, ya que está perfectamente adaptado y protegido por el embalaje primario. Por ejemplo, las cajas de cartón.	- Es el empaque de seguridad de varios embalajes secundarios. Por ejemplo, si un pedido cuenta con varias cajas de diferente tamaño y queremos embalarlo en un mismo palé. Suelen ser envases de plástico transparente, o plásticos de burbujas, etc.

Los **materiales de embalaje** son muy variados dependiendo del tipo de producto que deseemos empacar, así podemos distinguir:

- ➲ **Cartón:** es el más utilizado. Se puede abrir por arriba o por los laterales dependiendo de los modelos. Se tiende a la utilización de material ya reciclado y el que no lo es se puede reciclar. Ofrece las ventajas de ser manejable, posibilidad de plegarse y se pueden serigrafiar para publicidad. El inconveniente es que se estropea fácilmente con los golpes, humedades u otras incidencias.
- ➲ **Madera:** ofrece las ventajas de ser más resistente al apilamiento y los golpes. Las desventajas son que se suele utilizar para un uso muy concreto, no disponen de tapa, las tablas se pueden partir, absorbe humedad y pueden tener astillas. Por ejemplo, se utilizan para transportar fruta.
- ➲ **Fibras naturales y sintéticas** como el cáñamo, para fabricar sacos de gran resistencia que pueden albergar hasta unos 15-20 kg de peso. Se utilizan para frutas, hortalizas, gravilla, etc. Su principal inconveniente es que una vez que se abre, no se puede reutilizar.
- ➲ **Materiales naturales:** están en desuso. Solo se utilizan para productos naturales, ecológicos y artesanales para, además de transportarlos, darle

esa característica y apariencia al producto. No resisten mucho peso y no son muy adecuados para productos perecederos ya que dejan pasar la humedad, la luz, el aire, etc.

- **Plástico:** es muy utilizado por su resistencia y maleabilidad. Se usa mucho en el transporte de frutas, hortalizas, carne y pescado. Ofrece la ventaja de que se puede lavar y reutilizar, y el inconveniente de que no se puede apilar mucho peso ya que se puede arquear o romper.

- **Espuma de poliestireno:** este material es muy adecuado para aislamiento térmico, por lo que se utiliza mucho en el transporte de carnes y pescados. La mayor desventaja es que si se rompe dicho embalaje, puede extenderse al resto con facilidad.

- **_Wrap up:_** este material es un tipo de cartón ondulado que previene de golpes a la mercancía. Se utiliza mucho para proteger botellas de cristal. Se usa para mercancías pequeñas y deja algunas partes abiertas.

 VÍDEO

En el siguiente vídeo puedes ver una nueva forma de embalar moderna guardando un toque artesanal y tradicional.

https://redirectoronline.com/coml016po0403

 TAREA 10

Estás trabajando en un almacén como operario de preparación de pedidos. Debes embalar unas copas de cristal dentro de unas cajas de cartón. Si las introduces con cuidado, en cada caja caben hasta 8 copas. Al ser de cristal, temes que se puedan romper durante su transporte y, en consecuencia, sean devueltas por el cliente. ¿Cómo procederías para su correcto embalaje?

Optimización de la unidad de pedido y su tiempo de preparación

Podemos decir que optimizamos la unidad de pedido cuando minimizamos el tiempo de su preparación y realizamos el pedido perfecto.

Esto significa que a la hora de preparar el pedido se logra rapidez, calidad y ahorro de costes, evitando errores en cantidades y tipos de productos y evitando roturas y desperfectos.

Sin embargo, existen una serie de **factores que pueden hacer que la preparación del pedido se demore:**

➲ **Gran cantidad de referencias en el almacén:** cuanto mayor es la cantidad y variedad de producto que tenemos guardado en el almacén, es más difícil localizar su ubicación. De ahí la gran importancia de tener el almacén bien organizado y los productos bien ubicados. Si además se añade, por ejemplo, la existencia de una alta rotación de personal, este problema crece, ya que los operarios nuevos no conocen la ubicación de los productos y tardan más tiempo en localizarlos.

➲ **Órdenes de pedidos en los que se demandan gran variedad de referencias:** es posible que en una misma orden de pedido nos solicite el cliente una gran variedad de referencias o unidades de pedido, esto hace que el operario tenga que buscar diferentes productos en el almacén, con el tiempo que ello conlleve. El tiempo de preparación se optimiza cuando se unifican los productos. Por ejemplo, no es lo mismo solicitar 5 unidades del producto A, que solicitar una unidad del producto A, otra del B, otra del C, otra del D y otra del E. En el segundo caso, la búsqueda y reubicación de los productos, empaque, etc. es más tediosa. Además, esto provoca que exista mayor tránsito de operarios y máquinas en las zonas de tránsito del almacén.

➲ **Órdenes de pedidos en los que se demandan productos no compatibles en su guarda y transporte:** existen artículos que no son compatibles a la hora de almacenarlos ni a la hora de transportarlos. Por ejemplo, productos alimentarios con productos tóxicos. Este tipo de productos, además de no ser compatibles en su ubicación y manipulación, tampoco lo son en su transporte. Por lo que, aunque están bajo una misma orden de pedido, es muy probable que se deban realizar en dos o varios transportes, demorando su preparación así como su entrega al cliente.

➲ **Mala colocación o ubicación de los productos en el almacén:** como hemos dicho en otras ocasiones, es esencial ubicar y colocar las mercancías de manera correcta en el almacén. Siguiendo criterios como la naturaleza de los productos, el peso, el volumen, la mayor o menor rotación, etc. Una buena colocación facilitará el proceso a la hora de seleccionar los productos, trasladarlos y reubicarlos en la zona de preparación de pedidos.

● **Urgencia de los pedidos:** la urgencia de los pedidos es un factor que influye de manera muy indicativa en el hecho de que unos pedidos se prioricen frente a otros que pueden quedar más demorados en el tiempo. En algunas ocasiones, la preparación de un pedido se ve interrumpida por la preparación de otro pedido de mayor urgencia.

 **RECUERDA**

Los dos criterios principales para organizar la mercancía por su nivel de rotación son la Ley de Pareto o Ley del 80/20 y la rotación del tipo ABC.

 VÍDEO

En el siguiente enlace puedes ver de forma resumida cómo es el proceso de preparación de pedidos.

https://redirectoronline.com/coml016po0404

3.4. La unidad de tiempo

Toda operación, tarea, función o misión tarda un tiempo en realizarse o llevarse a cabo.

Pueden ser desde segundos hasta meses o años según sea la tarea o proyecto que estemos midiendo.

 **DEFINICIÓN**

Unidad de tiempo

Métrica física que sirve para medir el espacio temporal o intervalo que existe entre dos sucesos que ocurren de manera consecutiva.

- s = segundo
- min = minuto = 60 s
- h = hora = 60 min
- día = 24 horas
- semana = 7 días
- mes = 30 o 31 días, salvo febrero con 28 en año normal o 29 si es año bisiesto
- año normal = 365 días | año bisiesto = 366 días
- lustro = 5 años
- década = 10 años
- siglo = 100 años
- milenio = 1.000 años

La importancia que tiene en el sector de la logística o gestión del almacén es que nos permite medir el tiempo o duración de un proceso. Esto nos ayuda a conocer y prever los costes de dicho proceso, así como la posibilidad de mejorarlos para minimizar los costes.

4. La gestión de *stock* en la práctica

👉 **HILO CONDUCTOR**

Aunque los empleados de Calzados Pisasuelos S. L. ponen su mejor empeño en que los pedidos de los clientes lleguen de la mejor forma posible, en ocasiones hay errores en los que fallan: envían modelos de calzados que no son, tallas erróneas, colores equivocados, etc. Los clientes devuelven el artículo y se ven obligados a reenviar de nuevo el artículo correcto. Esto encarece los costes económicos, el tiempo gastado y proyecta mala imagen a los clientes. Aunque saben la teoría de cómo trabajar en el almacén, hay algo que se les escapa de las manos a la hora de aplicarlo en la práctica. El gerente reconoce que debe adquirir algún programa informático que les ayude en la gestión del almacén.

Para que la gestión de *stock* se vea materializada de manera física o palpable, es necesario reflejarla en una documentación.

Las entradas y salidas del almacén, así como el recuento de las mercancías que se encuentran en el mismo, serían muy complicados de saber y controlar si no tenemos unos soportes que acrediten todos estos movimientos.

Necesitamos, por tanto, un programa informático en el que introducimos los datos que deseamos y que nos proporciona los informes o documentos que necesitamos, bien en documentos informatizados o bien si queremos imprimirlos en papel, como se hacía en la gestión tradicional, aunque esta práctica está cada vez más en desuso.

4.1. Documentación en la preparación de pedidos

La documentación sirve para controlar los pedidos. Se recomienda que vaya acompañada de albaranes y resguardos que el cliente firma dando su conformidad a la recepción de la mercancía.

La **documentación básica o *licking*** sirve para realizar el seguimiento, control y registro administrativo de los pedidos mediante un número de referencia. Este proceso de *licking* abarca desde la entrega de un presupuesto, la aceptación por parte del cliente, la entrega de la mercancía, la emisión, y el cobro y la contabilización de la factura junto al albarán de entrega.

La **documentación más característica** en la preparación de pedidos es:

Listado adjunto al pedido
- En dicha lista se enumeran la cantidad, tipos de artículos y una pequeña descripción. Dicho listado deber ser firmado por el cliente a modo de conformidad con la recepción del pedido.

Continúa en página siguiente >>

<< Viene de página anterior

Listado enviado por EDI
- Es el mismo listado que el anterior salvo que en lugar de estar adjunto, se le envía con anterioridad al cliente por EDI *(electronic data interchange)* o intercambio electrónico de datos. De este modo, el cliente conoce la información de antemano antes de recibir el pedido. El EDI permite intercambiar documentos normalizados entre los sistemas informáticos de las empresas. También se puede informar al cliente sobre el día exacto o el día estimado en que se va a efectuar la entrega.

Documentación burocrática
- Cuando las operaciones de compraventa son de exportación o importación, es decir, la compraventa se realiza en un ámbito internacional entre dos o más países, además de la documentación administrativa, se debe acompañar la documentación burocrática, como son los formularios para aduanas, o declaraciones de exportación o importación, según proceda.

Por otra parte, además de esta documentación básica, existe la **documentación interna del almacén.** Es decir, una vez que el cliente acepta el presupuesto y da la orden de pedido, se recibe esta en el almacén y se genera una documentación para que el pedido sea preparado.

Esta documentación interna suele constar de:

- **Lista de preparación de pedidos:** esta lista se le entregará al operario para que sepa qué tareas debe realizar y qué pedidos tiene que preparar. En ella, se deben especificar los pedidos a preparar y el nivel de urgencia de cada uno de ellos, así como el número de trabajadores que van a intervenir en dicha preparación, pues puede ser uno o varios. Este listado se puede entregar en mano impreso en papel, mediante etiquetas de productos, en la pantalla de un ordenador u otros dispositivos tecnológicos, mediante voz por *walki-talkies*, etc.
- **Parte de trabajo personal:** es el parte o listado que se entrega a cada operario con las tareas que debe realizar.

La lista de preparación de pedidos puede variar en función de los tipos de pedidos que nos soliciten, es decir, si es uno solo o varios y si los van a realizar uno o varios operarios, etc. Los **tipos de pedido más habituales son:**

- **Un operario por cada pedido:** es el mismo operario quien realiza todas las tareas de la preparación del pedido, es decir, recogida de la mercancía, traslado a la zona de embalaje, embalaje y entrega.
- **Varios operarios por cada pedido:** son varios los operarios que se encargan del proceso, repartiéndose las tareas a realizar y ejecutándolas en cadena. Por ejemplo, unos recogen y trasladan la mercancía y otros embalan y entregan.
- **Un operario para varios pedidos u operario por ola de producto:** en este caso un operario recoge y traslada varios productos diferentes a la zona de embalaje. Una vez ahí, los distribuye por pedidos para su embalaje y entrega.
- **Varios operarios para varios pedidos:** son varios los operarios que se encargan de recoger y trasladar varios productos diferentes para varios pedidos. Una vez que los sitúan en la zona de embalaje, otros operarios los separan por artículos y pedidos para embalar y entregar.
- **Un operario con puesto fijo:** son operarios que, por diversas circunstancias o motivos, siempre están desempeñando el mismo puesto con las mismas tareas. Por ejemplo, operarios que manejan grúas o maquinaria complicadas o especiales, operarios que se encuentran en cintas transportadoras separando los artículos para diferentes pedidos, operarios que solo se encargan de tareas de embalaje, etc.

NOTA

Por tanto, según sea el tipo de pedido, se generará mayor o menor cantidad de documentación interna a la hora de su preparación.

La **documentación habitual,** es decir, la documentación administrativa que se utiliza en la contabilidad de la empresa y de cara a los clientes, como la documentación interna del almacén para la preparación de pedidos, debe contar con unos **datos** que deben aparecer en cada documento para la fácil identificación de los mismos. Estos datos son:

- **Número de pedido:** cada pedido va identificado con un número. Es como si fuese su matrícula. Por tanto, en el listado de tareas o en aquella documentación que se genere, deberá aparecer.
- **Fecha de entrada:** esta es la fecha en la que nos realizaron el pedido.
- **Fecha de entrega:** esta es la fecha en la que se debe entregar el pedido una vez que se hayan finalizado las tareas de preparación.
- **Referencia de los artículos:** los artículos van numerados con un número de referencia. Es importante conocer la variedad de productos o

artículos que han sido solicitados, de ahí la importancia de las referencias de los mismos.

➲ **Descripción:** es el nombre y/o una pequeña descripción del artículo que orienta al operario sobre en qué zona del almacén debe estar ubicado el artículo o producto.

➲ **Cantidades de unidades de pedido:** se debe especificar si la orden se refiere a una o varias unidades de pedido.

➲ **Carga máxima permitida por embalaje o unidad de carga:** es el peso máximo que acepta ese embalaje o la unidad de carga.

➲ **Dimensiones máximas permitidas por embalaje o unidad de carga:** es el volumen máximo que acepta el embalaje o la unidad de carga.

➲ **Ubicación en el almacén de cada una de las referencias:** este dato no es obligatorio pero sí muy aconsejable. Se puede indicar en qué estantería, cajón o zona se encuentra la mercancía para facilitar su localización al operario.

➲ **Tipo de embalaje:** eso es el tipo de embalaje y/o material que se debe utilizar para el mismo.

➲ **Disposición de los productos en el embalaje final:** este dato es opcional pero facilita mucho el trabajo del operario que se encargue del embalaje. En ocasiones, el colocar el producto de una manera u otra, por ejemplo, en una caja, permite que quepa más o menos cantidad de producto o de artículos. Si esta disposición de colocación ya está calculada de antemano por experiencias previas, es un dato que favorece la rapidez de embalaje por parte del operario.

En el **parte de trabajo personal,** los **datos** que deben aparecer son:

➲ **Operario:** el nombre y apellidos o código de identificación del operario que debe realizar las tareas.

➲ **Listado de tareas:** son las tareas que debe realizar.

➲ **Observaciones:** son aquellas anotaciones que se deben recordar porque se consideran importantes, anómalas, peculiares, etc.

➲ **Incidencias o no conformidad:** son las incidencias que han podido surgir durante la realización de las tareas y que han provocado que se pare o se demore la realización de las mismas. Estas incidencias pueden ser diversas: averías en máquinas, herramientas o utensilios, artículos defectuosos, accidentes, rotura de materiales o artículos, etc.

ACTIVIDAD COMPLEMENTARIA

5. Accede al siguiente enlace de la página web de un proveedor de artículos de papelería:

https://redirectoronline.com/coml016po0405

Una vez en ella, busca las siguientes referencias:

- 1530101
- 11901027
- 195260102
- 141010102
- 141010201

- 2532901
- 1760102
- 216750110
- 10201220
- 1271202

Haz un listado de los artículos encontrados y agrupa los artículos por categorías de productos.

4.2. Control informático

Hace unos años, cuando las tecnologías no estaban tan avanzadas, toda esta documentación, como los partes de trabajo, control de pedidos, facturas, etc. se hacía en papel y se clasificaba y guardaba en archivadores y carpetas. Actualmente, podemos encontrar pequeñas empresas o almacenes que no están muy modernizados ni informatizados y siguen trabajando con métodos tradicionales, aunque cada vez son menos.

La mayoría de empresas de logística y almacenamiento elabora toda esta documentación gracias a sistemas y programas informáticos que permiten introducir datos, tareas, etc. y así emitir la documentación en papel o a través de PDA *(personal digital assistant)* o asistente digital personal.

PDA o asistente digital personal (personal digital assistant). También existen modelos tipo tablets o móviles. En ellos el operario o trabajador puede enviar información al programa o software central acerca de las tareas que realiza, así como se le puede enviar órdenes a través de la misma.

Estos programas informáticos se denominan SGA o sistemas de gestión de almacenes. Permiten la introducción de pedidos, indicando su nivel de prioridad o urgencia. Esta información se traslada a los ordenadores del almacén o a las PDA de los operarios, quienes sabrán qué pedidos son más urgentes y cuáles lo son menos.

Uno de los sistemas más conocidos es el ERP *(enterprise resource planning)* o planificación de recursos empresariales.

Ambos sistemas, los SGA y los ERP pueden ir incluidos unos dentro de otros o ir fusionados dentro de un mismo *software*. En realidad, podemos decir que los SGA están más enfocados a la actividad o relación externa como creación y control de pedidos, gestión del almacén, control de existencias, etc. y los ERP están enfocados a la actividad o tareas internas controlando los departamentos, mandos intermedios, trabajadores, jefaturas, etc.

Cuando se recibe la orden de pedido, se puede ver en el SGA la disponibilidad de la mercancía, dando la orden de preparación del pedido. Se recoge la mercancía de su ubicación y se traslada a la zona de preparación de pedidos. Como existe la opción de incidencias y observaciones, se puede saber si la mercancía está en buenas condiciones o no. Se embala y se entrega para su transporte hacia la empresa cliente. Conforme se van realizando tareas, estas van desapareciendo o se van dando por cerradas o realizadas en el SGA o el ERP. Una vez que los operarios de carga han cargado la mercancía en los camiones o vehículos de transporte, este pedido entregado pasará al Departamento de Contabilidad o Facturación para su gestión informática y para la comprobación del cobro cuando el cliente realice el pago en el plazo establecido. Posteriormente, ese pedido se cerrará y se archivará.

Las **ventajas que ofrece el uso de tecnologías** son:

Grabación de datos
- Los datos no se pierden ya que se pueden grabar, además de en los propios *softwares* de la empresa, en discos duros externos, en páginas webs, en nubes virtuales, etc.

Información en tiempo real
- Una vez que se introducen los datos, se pueden detectar problemas. Averías o errores y proceder a su corrección, se pueden acelerar procesos por prioridad o urgencia, etc.

Aumento de productividad y optimización del tiempo
- Ayudan a que las tareas y la actividad se realice más rápido en menor tiempo, lo cual hace que aumente la productividad y rentabilidad de la empresa.

Por otra parte, las **desventajas que ofrece el uso de tecnologías** son:

- **Inversión económica elevada:** al inicio o en su adquisición pueden suponer un desembolso elevado. Además del mantenimiento de las mismas a lo largo de la vida empresarial o actividad.
- **Son sistemas cerrados:** cada SGA o ERP es un sistema o programa básico. Puede resultar insuficiente para una empresa que necesita ampliar campos, prestaciones o funciones. Modificar el programa supone un coste extra.
- **Inversión en formación:** la formación en las empresas es una ventaja a largo plazo, sobre todo si no existe una alta rotación del personal. Sin embargo, cuando trabajamos con tecnologías es casi obligatorio enseñar a los trabajadores u operarios cómo funcionan los sistemas. Existen trabajadores a los que, por edad u otras circunstancias, les resulta difícil el entendimiento de los mismos. Además, al empresario le supone un coste económico y pérdida de tiempo durante la jornada laboral. De ahí la importancia de que exista una baja rotación de empleados y una mayor estabilidad laboral.

RECUERDA

La comprobación de la mercancía en buen estado se hizo también a su recepción en el almacén, pero durante el almacenamiento se puede haber estropeado, por ejemplo, por factores ambientales, como humedad, calor excesivo, alta o baja temperatura u otras circunstancias, como el traslado interno, etc.

ACTIVIDAD COMPLEMENTARIA

6. Visualiza el siguiente vídeo y elabora un listado de los mecanismos tecnológicos que aparecen en el vídeo y que favorecen el trabajo de los operarios.

https://redirectoronline.com/coml016po0406

5. Resumen

El reaprovisionamiento es la principal herramienta para la optimización de un almacén. De lo contrario, el hecho de quedarse sin existencias o con existencias por debajo de los mínimos, así como tener un excedente de productos, hará que aumenten los costes y que el almacén no sea tan rentable.

Para contar con un reaprovisionamiento ideal, el almacén debe disponer de las siguientes herramientas:

- ⮑ SGA
- ⮑ Soportes y equipamientos físicos
- ⮑ RR. HH.
- ⮑ Estrategias de venta

Una vez que los artículos se venden, se debe preparar el pedido para transportarlo hasta el lugar donde se encuentra el cliente.

Esta preparación de pedidos depende de unas consideraciones generales a tener en cuenta: el tipo de pedido, el embalaje con el que se tiene que empaquetar, el tiempo de preparación, etc. Aquí también se deberá tener en cuenta la unidad de tiempo o la medición del tiempo que se tarda en preparar el pedido.

Por último, la gestión del *stock,* en la práctica, genera una documentación que podríamos clasificar en dos grupos:

Documentación externa	Documentación interna

Ejercicios de autoevaluación
Unidad de Aprendizaje 4

1. El reaprovisionamiento es:

    a. Un exceso de mercancías.
    b. Duplicar un pedido.
    c. Abastecer el almacén para satisfacer la demanda.
    d. Aumentar la frecuencia de solicitud de pedidos.

2. Las siglas SGA significan:

    a. Seguro y garantía de almacén.
    b. Seguimiento y gestión de almacén.
    c. *Stock* y gastos de almacén.
    d. Sistema de gestión de almacén.

3. El uso de los soportes y equipamientos físicos provocan:

    a. Aumentar el tiempo de realización de la tarea.
    b. Sobreesfuerzos del personal de almacén.
    c. Reducción de costes económicos.
    d. Realizar las tareas de forma ineficiente.

4. Cuando se habla de alta rotación del personal nos referimos a:

    a. Los trabajadores trabajan en turnos de mañana, tarde y noche reasignados con mucha frecuencia.
    b. Los operarios desempeñan diferentes puestos de trabajo dentro del almacén.
    c. Los trabajadores son sustituidos por otros con bastante frecuencia.
    d. Los trabajadores son trasladados de centros con bastante frecuencia.

5. Los precios de varios productos que se mantienen en torno a un precio fijo se denominan:

    a. Precio de línea o lineal.
    b. Precio de penetración.

c. Precio descremado.
d. Precio de mantenimiento.

6. **Indica si las siguientes oraciones son verdaderas o falsas:**

   a. El presupuesto siempre genera una orden de pedido.

   - Verdadero
   - Falso

   b. Existen dos tipos de órdenes de pedido: las que se reciben de los clientes y las que se envían a los proveedores.

   - Verdadero
   - Falso

   c. La optimización de los trayectos se debe considerar a la hora de preparar los pedidos.

   - Verdadero
   - Falso

7. **Relaciona los siguientes datos que deben aparecer en la documentación con sus definiciones:**

   a. Número de pedido...
   b. Fecha de entrada...
   c. Fecha de salida...
   d. Referencia...

   __ ... fecha en que se debe entregar.
   __ ... fecha en que se inicia.
   __ ... identifica la orden o solicitud del mismo.
   __ ... identifica el artículo.

8. **Indica si la siguiente afirmación es verdadera o falsa: "Los pedidos se preparan siempre por orden de entrada de la orden de pedido".**

   - Verdadero
   - Falso

Stock y tecnología

Contenido

Objetivos

El objetivo general de esta Unidad de Aprendizaje es:

→ Relacionar la importancia del uso de la tecnología con la gestión del *stock*.

Los objetivos específicos de esta Unidad de Aprendizaje son:

→ Distinguir los distintos modelos digitales más habituales para la gestión de *stock*.

→ Identificar las diferentes soluciones tecnológicas principales en la gestión de *stock*.

→ Diferenciar las entradas y salidas del producto en el almacén.

→ Interpretar los códigos de un informe de inventario.

→ Conocer los distintos tipos de códigos de barras.

→ Reconocer la importancia del uso de programas de gestión de *stock*.

→ Identificar la utilidad de la elaboración de informes gracias a los programas de gestión de *stock*.

→ Apreciar distintas estrategias para corregir la estacionalidad de los productos.

1. Introducción

La gestión de *stock* se ha estado realizando tradicionalmente de manera manual hasta la aparición y el desarrollo de las nuevas tecnologías.

Actualmente, la mayoría del mercado está digitalizado: fabricantes, distribuidores, intermediadores, minoristas, etc. Esto provoca que cualquier empresa que se dedique a la actividad de almacenaje también lo deba estar.

Las bases y dispositivos tecnológicos son de vital importancia para poder realizar la actividad de almacenamiento de *stock.*

La aparición de los códigos de barras, además de facilitar muchas de las tareas de logística, como la entrada, la salida y el conteo de mercaderías, ayudan a identificar los artículos y productos de una manera universal.

Los programas informáticos ayudan a la gestión del *stock,* facilitando la toma de decisiones, la corrección de la estacionalidad de ciertos productos y la realización de inventarios para conocer en todo momento la situación del *stock.*

La empresa Calzados Pisasuelos S. L., zapatería minorista que vende todo tipo de calzado de vestir tanto a público adulto como infantil de manera presencial y *online,* ha decidido avanzar para agilizar la gestión del almacén y así optimizar sus ventas.

2. Modelos digitales para la gestión del *stock*

👉 **HILO CONDUCTOR**

Hasta ahora, el gerente de Calzados Pisasuelos S. L. ha estado gestionando el almacén de una manera tradicional llevando el registro y la contabilidad de documentación de la entrada y salida de mercancías en su almacén. Sabe que debe modernizarse para ser más competitivo en el mercado. Sin embargo, desconoce si el método que ha estado utilizando hasta ahora será o no compatible con la digitalización. Por ello, decide estudiar cuáles son los diferentes modelos digitales para optar por el más adecuado e implantarlo en su negocio.

Según la Real Academia de la Lengua Española, modelo es un *arquetipo o punto de referencia para imitarlo o reproducirlo o algo ejemplar que por su perfección se debe seguir e imitar.*

Por otra parte, el adjetivo digital califica a un *dispositivo o sistema que crea, presenta, transporta o almacena información mediante la combinación de bits o algo que se realiza o transmite por medios digitales.*

 DEFINICIÓN

Modelo digital
Conjunto de acciones o directrices que se deben seguir mediante dispositivos o sistemas digitales.

Dicho de otra forma, podemos afirmar que consiste en digitalizar o informatizar el sistema o modelo de gestión de *stock* que tengamos implantado en el almacén.

Para seleccionar un modelo de gestión de *stock* que, actualmente, estamos obligados a digitalizar, debemos tener presente que la gestión de almacén conlleva unos costes y que se deben tener en cuenta ciertos factores a la hora de elegir dicho modelo.

 RECUERDA

Los principales costes que se derivan de la gestión de *stock* son los costes de pedido (en su mayoría costes administrativos), costes de almacenamiento (como los de riesgo de obsolescencia o seguros para prevenir costes por robo, inundación, deterioro, etc.) y costes indirectos (por ejemplo los que se derivan por la devolución de un pedido por parte del cliente).

Una vez que tenemos claros los costes y en qué medida van a predominar unos sobre otros, debemos **tener en cuenta** los siguientes **factores para elegir el modelo de gestión** que vamos a implantar:

La demanda
- La cantidad de demanda y la frecuencia de la misma a la hora de realizar pedidos determinará la cantidad de artículos de los que debemos disponer en el almacén y la organización o ubicación de los mismos.

El plazo de entrega
- Si los plazos de entrega son cortos, implicará que el almacenamiento así como la preparación de los pedidos sean muy cortos y, en consecuencia, los costes sean menores. Si los plazos son largos, aumentarán los costes de almacenamiento y de preparación de pedidos.

Los proveedores
- Algunas condiciones que nos imponen o que negociamos con los proveedores nos pueden resultar favorables económicamente, pero condiciona el almacenamiento de *stock*. Por ejemplo, podemos adquirir un gran volumen de *stock* para obtener un buen precio aunque luego lo tengamos almacenado un período de tiempo largo.

El ciclo de vida del producto
- Generalmente, la gestión de almacenamiento de artículos perecederos, como los alimentarios, implica que existe una rotación de productos mayor que otros artículos no perecederos.

Una vez que conocemos los costes que se van a derivar de la gestión del *stock* y los factores que hemos mencionado, el siguiente paso será elegir el modelo más adecuado a nuestra actividad. Es importante que esta decisión se tome bajo los criterios u opinión de una persona experta en esta materia.

Los **modelos más habituales** son:

- **El modelo *Wilson*:** en este modelo lo que se tiene en cuenta, principalmente, es el pedido. Este modelo es ideal para empresas pequeñas y medianas que venden o distribuyen pocos productos. Se trata de gestionar mucha cantidad de producto en pocos pedidos, manteniéndolos poco tiempo en el almacén para así minimizar los costes de modo que exista mucha rotación de pocos productos.
- **El modelo ABC:** este modelo fue estudiado en la unidad 2. En este modelo se clasifican los productos en tres categorías: A, B y C. Siendo la categoría A los productos que nos proporcionan el 80 % de la facturación, es decir, aquellos productos que más se venden por su valor o por su rotación; la categoría B son los productos que nos proporcionan el 15 % de

la facturación, y la categoría C son los productos que nos proporcionan el 5 % de la facturación. De este modo, la gestión del almacén con este modelo hace que se les dé más prioridad a los productos que son más rentables o más vendidos frente a los que lo son menos.

⮡ **El modelo *Just in Time:*** su traducción al español es 'justo a tiempo'. Este modelo consiste en disponer de la mercancía necesaria en cada momento de la producción. Es decir, trabajar casi bajo demanda. En este modelo es importante conocer que los costes de transporte deben ser menores que los costes de almacenamiento.

3. Las bases tecnológicas para la gestión del *stock*

☞ HILO CONDUCTOR

El gerente de Calzados Pisasuelos S. L. ya ha decidido qué modelo digital va a implantar para gestionar el *stock* de su zapatería. Ahora tiene que ver, antes de realizar la inversión económica, qué bases tecnológicas son las más adecuadas para resolver sus necesidades dentro de la actividad del almacén.

Actualmente, no se puede concebir una óptima gestión del *stock* sin el uso de bases tecnológicas. El uso de las tecnologías nos permite: automatizar tareas, reducir tiempos en la ejecución de las mismas, tener la trazabilidad del recorrido que sigue la mercancía en la cadena del suministro, estar conectados íntegramente todos los departamentos y trabajadores que forman la plantilla, disponer de la información en tiempo real y, con todo esto, poder tomar decisiones inmediatas y optimizar los procesos. Es decir, nos permite ser más competentes.

Aun así, siguen existiendo **retos que se pueden mejorar** como:

⮡ **La información en tiempo real:** es importante dar de alta los productos que entran y dar de baja los productos que salen para así tener el inventario o *stock* real que hay disponible en el almacén y conocer la cantidad de producto que se puede vender.

⮡ **Optimización de la trazabilidad:** conocer las rutas, caminos o recorrido que sigue la mercancía en la cadena de suministro es importante para optimizar costes a la hora de utilizar los recursos, como maquinaria, utensilios o mecanismos que intervienen para la ejecución de dicho recorrido o traslado.

⮕ **Perfeccionar el proceso evitando errores:** durante la cadena de suministro pueden surgir incidencias, como errores administrativos, deterioro de las mercancías o sustracciones. Gracias a las tecnologías, estos errores son más fácilmente detectables.

⮕ **Asegurar las mercancías durante el suministro evitando roturas de las mismas:** el uso de buenas maquinarias, herramientas, utensilios o mecanismos facilita que el traslado de la mercancía se realice de una manera segura evitando roturas de la misma.

⮕ **Agilizar el proceso de gestión de *stocks* y de suministro:** el ahorro de tiempo así como la excelencia de las mercancías permitirán que todo el proceso desde que entra hasta que sale la mercancía sea más ágil y rápido, haciéndonos más competitivos frente al resto del mercado.

Para optimizar todo este proceso de gestión de *stock* y su suministro, y minimizar los posibles problemas existentes, existen estas **soluciones tecnológicas principales:**

⮕ **Tecnología RFID *(radio frecuency identification):*** en español, tecnología de identificación por radiofrecuencia. Permite identificar los artículos mediante la lectura de etiquetas con lectores de radiofrecuencia. De esta manera, se automatizan las tareas de entrada y salida de mercancías, se pueden localizar los productos durante su trazabilidad o recorrido, etc.

⮕ ***Picking* por voz:** consiste en el uso de un *software* que, mediante el reconocimiento de voz, permite el uso libre de las manos para manipular la mercancía mientras se dan órdenes o comandos a través de la voz. Reduciendo el tiempo de introducir datos u órdenes mediante dispositivos de teclado, ratón y otros.

⮕ ***Software* SGA o sistemas de gestión de almacén:** son programas o sistemas informáticos diseñados para facilitar las tareas de la actividad de la gestión del almacén. Los explicaremos con más detalle más adelante.

Ejemplo de operario utilizando picking por voz. El operario recibe las órdenes por voz de otra persona que organiza y prioriza los pedidos.

4. El código de barras de salida

☞ HILO CONDUCTOR

Una vez que el gerente de Calzados Pisasuelos S. L. descubre qué es el código de barras y para qué sirve, averigua si además de dar entrada a los productos en su almacén, sirven también para dar salida a los productos de la tienda. Pues sospecha que si da entrada a los productos, tendrá que darles salida cuando los venda.

Las mercancías entran en el almacén cuando, además de recibirlas, son dadas de alta en el sistema informático mediante la lectura de los códigos de barras.

Se quedan almacenadas hasta su venta, momento en el que las daremos de baja o registraremos su salida del almacén también mediante la lectura de sus códigos de barras.

Se puede dar la circunstancia de que los productos almacenados pasen por varios departamentos. En este caso, gracias al sistema informático podremos dar de alta y baja o entrada y salida a los productos en cada departamento.

👁 EJEMPLO

Un supermercado cuenta con un almacén y la zona de tienda. Cuando los productos llegan al almacén, se les da entrada a dichos productos. Cuando los productos pasan a tienda o zona de exposición, se les da salida del almacén y entrada en tienda o exposición, cuando el cliente o consumidor final compra o adquiere el producto, se le da salida de tienda.

En la siguiente gráfica puedes visualizar el ejemplo:

 **NOTA**

Realmente, no se trata de que sean distintos códigos de barras de entrada o salida. Se trata de la operación que realizamos con esos códigos de barras, es decir, si estamos realizando el registro de entrada de la mercancía en el almacén o si estamos realizando el registro de salida de la mercancía del mismo.

- -

Podemos contar con una empresa que tenga varios departamentos y, una vez que entra la mercancía en el almacén o en el Departamento de Compras o Servicios Generales, se distribuyan dichas mercancías por los diferentes departamentos.

◉ **EJEMPLO**

Un hotel cuyo encargado de compras adquiere distintos materiales que luego debe distribuir entre sus diferentes departamentos. Comidas y bebidas a sus

Continúa en página siguiente >>

<< Viene de página anterior

diferentes bares y restaurantes, productos de limpieza para Departamentos de Pisos y Cocina, material de oficina para todos los departamentos, especialmente para Reservas y Administración, etc. Da salida de las mercancías en almacén y cada departamento les da entrada cuando las reciben. Una vez vendidas o consumidas, darán de baja o salida a dichas mercancías.

En la siguiente gráfica puedes visualizar el ejemplo:

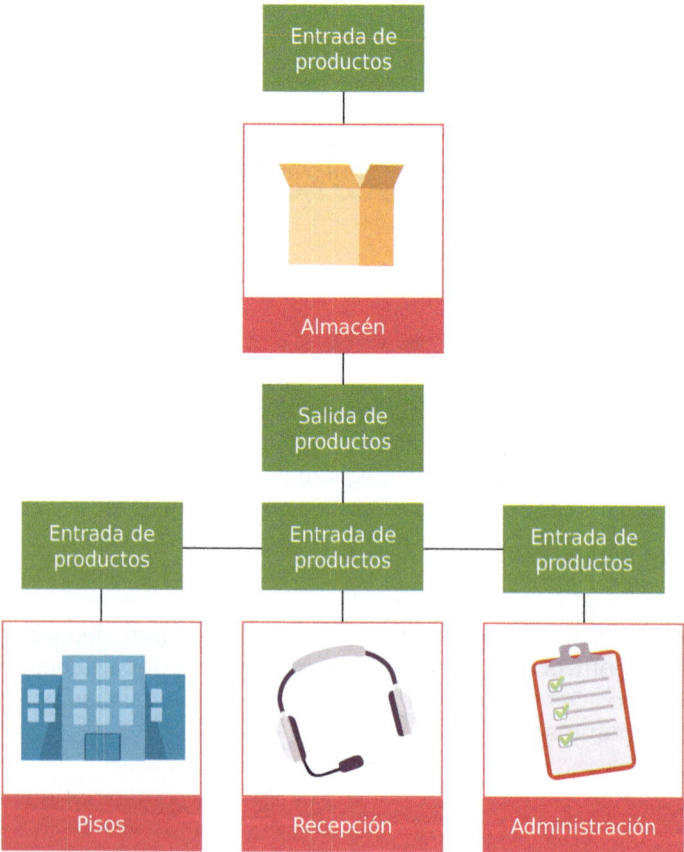

 **PARA SABER MÁS**

En el siguiente enlace puedes ver una comparativa de diferentes tipos de códigos de barras.

https://redirectoronline.com/coml016po0501

En el siguiente enlace puedes ver un resumen demostrativo de un programa para la emisión de etiquetas y la asociación de las mismas a los códigos de barras. Este tipo de programas permiten también crear códigos de barras, opción utilizada generalmente por los fabricantes. El resto de intermediarios solo leen los códigos de barras para darles entrada o salida a los productos del almacén:

https://redirectoronline.com/coml016po0502

 TAREA 11

En el Departamento de Economato de un hotel entran a diario litros de detergente que posteriormente pasan al Departamento de Lavandería. En el siguiente listado puedes ver las entradas, las salidas y el *stock* disponible de detergente

Continúa en página siguiente >>

<< Viene de página anterior

expresado en litros, en los movimientos que se realizan en el Departamento de Economato.

Fecha	Entrada	Salida	Disponible
Día 1	10 litros	7 litros	
Día 2	8 litros		11 litros
Día 3		12 litros	9 litros
Día 4	15 litros	6 litros	
Día 5	10 litros		8 litros
Día 6	10 litros		8 litros
Día 7	5 litros	7 litros	6 litros
Día 8	15 litros	18 litros	
Día 9		4 litros	9 litros
Día 10	5 litros	7 litros	

Conociendo los datos de entradas, salidas y *stock* disponible, calcula los datos que faltan.

---

5. El código de barras de entrada

☞ HILO CONDUCTOR

El gerente de Calzados Pisasuelos S. L. sabe que todas las cajas de zapatos traen un código de barras. A su vez, las cajas en las que vienen dichas cajas de zapatos traen otro etiquetado también con código de barras. Como hasta ahora ha estado utilizando un método tradicional, no sabe exactamente para qué sirven. Decide investigar cuál es la utilidad de los códigos de barras.

Todos hemos visto los códigos de barras en los diferentes productos que adquirimos en el mercado. En alguna parte del producto o artículo vemos un conjunto de líneas negras verticales de distinto grosor y, en la parte inferior de dichas líneas, un conjunto de números.

Cada producto posee un código de barras o número de identificación único, dependiendo de cada característica, atributo o prestación del producto. Es decir, un paquete de arroz de 1 kg posee un código de barras diferente al mismo paquete de arroz de 500 g, ya que, aunque se trate exactamente del mismo producto, no es igual en el peso del mismo. Por tanto, podemos encontrar, para un mismo producto, distintos códigos de barras atendiendo a la variación del color, sabor, tamaño, texturas, etc.

Los códigos de barras se crearon para agrupar los productos o mercaderías en el *stock,* debido a que, conforme evoluciona la sociedad y el mercado, existen cada vez más variedad de productos.

 **DEFINICIÓN**

Código de barras (UPC o EAN)
Es una combinación de líneas verticales paralelas de distinto grosor, acompañadas de una numeración que aporta información acerca del producto.

Aunque vivimos en un mundo globalizado, no todos los códigos de barras son iguales. Existen diferentes **tipos de códigos de barras:**

Código GS1-128
- Es el más utilizado por ser el más completo en la información que proporciona, ya que informa sobre la rastreabilidad del producto, como el número de lote, la fecha de caducidad y la fecha de producción.

Continúa en página siguiente >>

[203]

<< Viene de página anterior

Código UPC-A

- Sus siglas significan *universal product code* o código de producto universal. Se utilizan, principalmente, en Canadá y Estados Unidos en empresas que venden al por menor. Está formado por 11 dígitos más uno de verificación. El primer dígito representa el tipo de producto, los cinco siguientes son el código del fabricante, los cinco siguientes identifican al producto y el último es el dígito de verificación. Es de los más utilizados.

Código UPC-E

- También denominado UPC de cero suprimido. Este código suprime el dígito cero del código UPC-A, es decir, los dígitos finales del código del fabricante y los ceros iniciales en la parte de identificación del producto.

Código EAN-13

- Sus siglas significan *european article numbering* o numeración de artículo europea. Añade un decimotercer (13.°) número que combinado con el duodécimo (12.°) identifica al país de la zona euro. Contiene los datos de identificación del país, el nombre de la empresa fabricante, el número de identificación del producto y el código de verificación. Es también de los más utilizados junto con el código UPC-A. Ambos sistemas son aceptados en la gran mayoría de los países. Es el más utilizado en España.

Código ITF-14 o DUN-14

- También denominado SCC-14, GTIN-14 o código de unidad de distribución. Este código no se utiliza para productos, sino que se coloca en unidades logísticas, cajas, grupos estandarizados, palés, etc. para un mejor control de las mercancías. Contiene catorce dígitos.

Ejemplo de distintos tipos de códigos de barras

IMPORTANTE

Los códigos de barras se identifican gracias a los lectores láser, como los que encontramos en las cajas de los supermercados por donde el empleado pasa el código de barras del producto o pistolas de códigos de barras.

Los lectores láser y las pistolas de códigos de barras están conectados a los sistemas SGA y/o ERP, de modo que, según proceda, se da entrada o salida de los productos al listado de existencias del almacén.

Estos lectores láser o pistolas de códigos de barras utilizan sistemas EDI *(electronic data interchange)* o de intercambio electrónico de datos, que permiten la lectura de diferentes tipos de códigos de barras e incluso de otros sistemas de codificación.

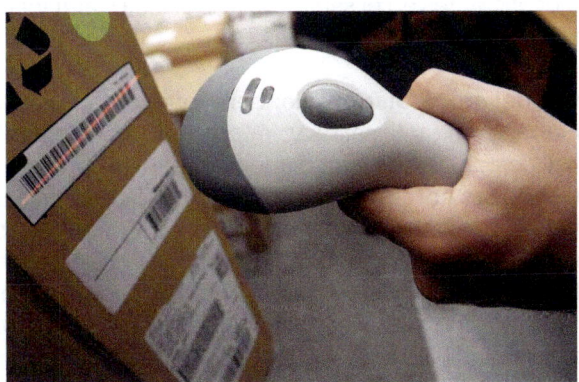

Ejemplo de un lector de códigos de barras por el que, mediante un láser, envía la información al sistema informático. Sirve para dar entrada y/o salida al producto del almacén.

Así que, cuando la mercancía llega al almacén y se recepciona, comprobando que lo recibido se corresponde con el pedido que se hizo al proveedor, mediante la lectura de los códigos de barras se va dando de alta o entrada a los productos o artículos en el almacén. Esta automatización de leer códigos de barras ahorra más tiempo y costes económicos que si se hiciera de una manera manual introduciendo cada código en el ordenador a través del teclado. Al dar entrada a los productos en el almacén, aumenta la cantidad de mercancías de las que disponemos en el mismo.

6. Programas de gestión de *stock*

☞ HILO CONDUCTOR

Una vez que el gerente de calzados Pisasuelos S. L. ha averiguado que los códigos de barras sirven para dar entrada y salida a los productos del almacén a través de la lectura de los mismos con pistolas lectoras de códigos de barras, es consciente de que esa información debe ser informatizada en un programa que recoja todos estos datos. Decide averiguar qué tipos de programas son los más adecuados para la gestión de *stock* de sus productos.

Los programas de gestión de *stock* o SGA (sistema de gestión de almacén) que existen en el mercado son muy variados, aunque muy parecidos entre sí.

Sea como sea, existen una serie de opciones o prestaciones que deben ofrecer para ser eficientes en el sector de la logística y almacén. Estas **opciones o prestaciones** son:

- **Control del *stock* disponible:** debe ofrecer la posibilidad de registrar la entrada, registrar la salida y ver en cualquier momento la cantidad de *stock* o mercancía que está disponible para la venta.
- **Control de las características de los artículos:** las características más habituales que deben registrar son: peso, dimensiones, volumen, valor de coste de la mercancía, precio de venta, familia del artículo, etc.
- **Control de trazabilidad o *tracing*:** control o identificación del producto a lo largo de todo su recorrido o ruta desde que entra en el almacén hasta que sale. La trazabilidad se realiza por artículo, por lote o por pedido, por ejemplo.
- **Emisión de albaranes:** el albarán es un documento que consiste en una nota de entrega donde aparece el listado de los artículos que se van a entregar en el pedido y debe firmar la persona o destinatario que recepciona la mercancía dando la conformidad de dicha recepción.

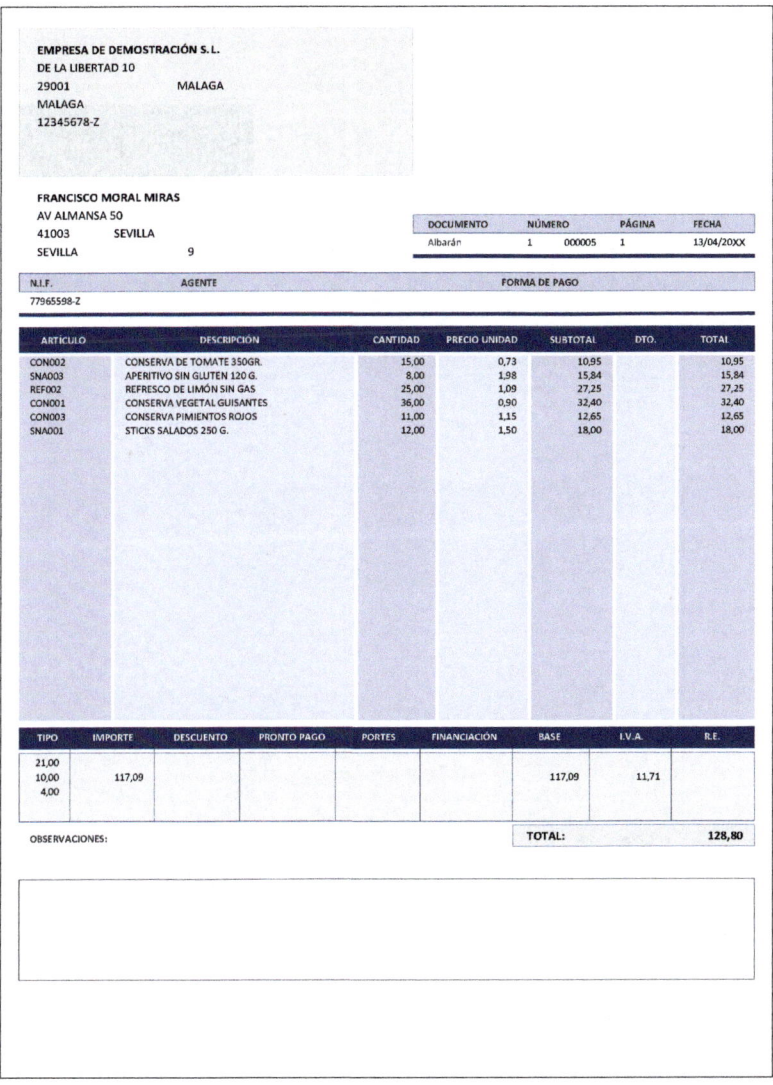

Modelo de albarán. Fuente: Factusol

● **Emisión de facturas:** la factura es un documento en el que se hace constar una actividad de compraventa. En dicho documento deben aparecer los datos del proveedor o vendedor, datos del cliente o comprador, número de factura, fecha de emisión, lista de artículos que intervienen en dicha operación, cantidad de artículos, precio unitario, precio total, impuestos y/o forma y plazos de pago.

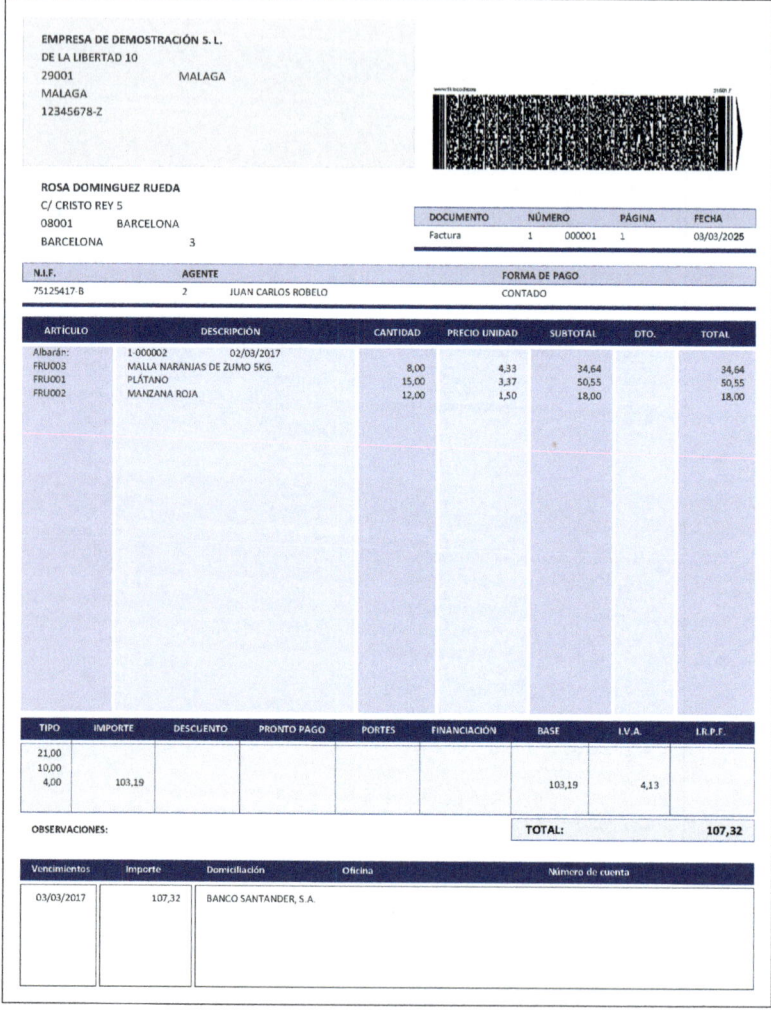

Modelo de factura. Fuente: Factusol

➲ **Gestión de la ubicación de la mercancía:** es recomendable que el SGA ofrezca la posibilidad de insertar un plano o mapa del almacén donde se pueda asignar a cada artículo o producto en qué pasillo, estantería o cajón se encuentra ubicado dicho artículo. Esta opción es muy interesante para empresas o almacenes grandes o en los que hay una gran variedad de artículos.

Además de los códigos de barras, los pedidos suelen ofrecer otro etiquetado en el que aparece más información acerca del producto o pedido. Es recomendable que el SGA permita el registro de estos **datos,** que son:

- **Código del producto u otro sistema de codificación:** a este código también se lo denomina referencia. Es el número de identificación del producto, como la matrícula de los coches.
- **Nombre del producto:** este nombre debe ser el mismo que se declara a las autoridades pertinentes en las inspecciones de aduana o arancelarias.
- **Razón social del proveedor:** al menos, en la etiqueta debe aparecer el nombre y la dirección del proveedor para que, en caso de pérdida o error, se le pueda realizar la devolución. Aunque en el etiquetado solo aparezcan esos datos, en el SGA es más que probable que en los datos del proveedor podamos introducir su NIF, teléfono, dirección de *e-mail,* persona de contacto, forma de pago, etc.
- **País de origen:** es el país de donde procede el pedido. Para los pedidos que proceden del extranjero aparecerán las expresiones *Made in...* o *Product of...* indicando el nombre del país en inglés al ser considerado el idioma universal.
- **Peso:** expresado en el sistema métrico decimal de peso: kilogramos, gramos, etc.
- **Tamaño:** expresado en el sistema métrico decimal de longitud: metros, centímetros, milímetros, etc.
- **Fecha de caducidad:** en el caso de tratarse de productos perecederos o con fecha de caducidad, debe mostrarse esta.
- **Contenido:** en el caso de tratarse de una unidad de carga, se deben indicar las unidades de pedido que contienen, o el número de palés, o de cajas, etc.
- **Número de bultos:** cuando el pedido contenga varias unidades de carga, o varias unidades de pedido, etc., se indicará en el etiquetado el número total. Generalmente, se representa por 1/X, 2/X, etc. o 1 de X, 2 de X, etc., siendo X el número total de bultos.

 **EJEMPLO**

Un pedido con varias cajas. En una de ellas aparece la indicación 2/3 o 2 de 3, significa que esa caja es la número 2 de un total de 3 cajas.

Se recomienda usar etiquetas de 10 cm de ancho.
La altura de las barras mínimo 2 cm.

En la imagen puedes observar que en la etiqueta, además del código de barras, aparecen otros datos como el nombre del proveedor, el código del producto, la fecha de caducidad, el número de lote, el nombre del producto y las cantidades. Además, aparecen unas recomendaciones al pie de la etiqueta. Fuente: https://gs1ec.org

Las normativas referentes a la **legibilidad de las etiquetas** coinciden en que estas deben ser:

Legibles	Destacables	Indelebles
- Aunque no existe un tamaño obligatorio estándar, deben ser legibles a simple vista. Se suele considerar un tamaño de 3 mm para el texto o información más importante y de 1,5 mm.	- Las letras deben destacar sobre los fondos y su lectura no puede ser dificultada por los logos u otros adornos.	- Significa que el papel y la tinta deben resistir a factores como la humedad, el calor, el contacto con líquidos, el manejo de la mercancía, etc.

 ACTIVIDAD COMPLEMENTARIA

7. Visualiza el vídeo y responde a la siguiente cuestión:

Continúa en página siguiente >>

<< Viene de página anterior

https://redirectoronline.com/coml016po0503

¿Qué papel desempeña la trazabilidad alimentaria en la prevención y en la investigación de incidentes relacionados con irregularidades en el etiquetado, la caducidad o la procedencia de productos alimentarios?

7. Informes de un programa de gestión de *stock*

 HILO CONDUCTOR

El gerente de Calzados Pisasuelos S. L. es informado de que existen diferentes programas de gestión de *stock* en el mercado. Hay versiones gratuitas con funciones básicas y otras de pago y a distintos precios con muchas más funciones. Decide averiguar cuál puede resolver mejor sus necesidades de gestión para su almacén.

Ya hemos dicho que los SGA son muy parecidos unos con otros y deben ofrecer unos servicios o prestaciones básicas. Para tener una referencia, hemos escogido el programa *Factusol,* que es un *software* libre.

Todos los SGA deben ofrecer estos **bloques de gestión:**

➲ **Ventas:** en este apartado aparece todo lo relacionado con las ventas y los clientes: base de datos de clientes, presupuestos, pedidos de clientes, albaranes, facturas, abonos, anticipos, acciones comerciales, condiciones de ventas, etc.

- **Compras:** en este apartado aparece todo lo relacionado con las compras y los proveedores: base de datos de proveedores, fabricantes, representantes o distribuidores, pedidos a proveedores, facturas recibidas, devoluciones, anticipos entregados, etc.
- **Almacén:** en este apartado aparece todo lo relacionado con el almacenamiento de mercancías: artículos, trazabilidad de los artículos, entradas y salidas de almacén, salidas internas, inventario, fabricación, etc.
- **Administración:** en este apartado aparece todo lo relacionado con los movimientos económicos: facturación, cobros y pagos en sus distintas formas (recibos, cheques, pagarés, transferencias, etc.), control de caja, etc.
- **Informes:** en este apartado aparecen las opciones para realizar informes sobre las áreas anteriores: compras, ventas, almacén y administración.

Cinta de opciones que ofrece el programa Factusol, de software libre, en concreto la pestaña de Informes.

 **RECUERDA**

Dependerá de cada programa en particular la posibilidad de que ofrezcan más opciones cuanto más completos y modernos sean en el mercado, y también en base a su precio.

- -

Los **informes que ofrece un SGA** son respecto a estas áreas:

- **Compras:** en esta opción se pueden generar informes relativos a pedidos, entradas, facturas, devoluciones, previsión de pagos, etc.
- **Ventas:** en esta opción se pueden generar informes relativos al proceso de venta, como son presupuestos, pedidos, albaranes, facturas, abonos, previsión de cobros, rentabilidad, diario de ventas, precios, ofertas, condiciones especiales de venta, etc.
- **Almacén:** en esta opción se pueden generar informes relativos a la actividad del almacén tales como informes sobre artículos por sí solos, por familias, por secciones o categorías, inventarios, *stock* disponible, *stock* bajo mínimos, *stock* sobre máximos, entradas, salidas, salidas internas, fabricación de compuestos, costes de fabricación, etc.

● **Administración:** en esta opción se pueden generar informes relativos a la administración económica y financiera de la empresa como son informes de cobros, recibos, remesas, cheques, anticipos de clientes, *rappels* de clientes, pagos, transferencias, pagarés, anticipos a proveedores, *rappels* de proveedores, control diario de caja, etc.

APLICACIÓN PRÁCTICA

Como operario de un almacén has recibido el siguiente informe de inventario en el que aparecen diferentes productos con unos códigos asignados.

Observa que cada familia de productos se inicia con una clave alfabética distinta, determina cuál es la clave de cada familia.

[Supervisor] 15/11/20XX 20:45:01

EMPRESA DE DEMOSTRACIÓN S. L.
Inventario   Pág. 1

Inventario entre y ZZZ y descripción entre y ZZZ

Código	Descripción	Ref.prov	Prov.	P.Costo	P.Venta	Stock()
AGU001	AGUA MINERAL 34 cl.		8	0,15	0,39	37,00
AGU002	PACK 6 UNIDADES AGUA MINERAL		8	1,71	3,20	40,00
AGU003	AGUA MINERAL CON GAS		8	0,32	0,68	17,00
AMB001	AMBIENTADOR ELÉCTRICO MANZ/		2	2,42	3,14	32,00
AMB002	RECAMBIO PARA AMBIENTADOR E		2	0,70	1,24	4,00
AMB003	SOPORTE AMBIENTADOR SIN REC.		2	0,50	1,50	3,00
CAR001	POLLO LIMPIO ENTERO		10	3,90	5,50	31,00
CAR002	ENTRECOT TERNERA		10	5,40	6,55	23,80
CAR003	CINTA DE LOMO		10	1,80	2,90	38,20
CEL001	PAPEL DE COCINA DOBLE CAPA 3(		2	1,43	2,20	36,00
CEL002	SERVILLETAS 23X23 DOBLE CAPA		2	0,60	1,30	
CEL003	PAÑUELOS DE BOLSILLO 15 UD.		2	0,80	1,78	14,00
CON001	CONSERVA VEGETAL GUISANTES		1	0,40	0,90	255,00
CON002	CONSERVA DE TOMATE 350GR.		1	0,24	0,73	370,00
CON003	CONSERVA PIMIENTOS ROJOS		1	0,63	1,15	284,00
DIE001	COMPLEMENTO ALIMENTICIO OME		1	6,30	8,20	56,00
DIE002	TÉ ADELGAZANTE 24U.		1	0,81	2,15	33,00
DIE003	COMPLEMENTO VITMÍNICO B6 48U		1	3,45	4,55	60,00
FRU001	PLÁTANO		10	2,80	3,37	28,00
FRU002	MANZANA ROJA		10	0,80	1,50	22,00
FRU003	MALLA NARANJAS DE ZUMO 5KG.		10	2,99	4,33	20,00
HEL001	HELADO BOMBON VAINILLA CHOC(		3	2,95	3,90	42,00
HEL002	TARRINAS DE VAINILLA, CHOCOLA		3	2,58	3,99	13,00
HEL003	SANDWICH DE NATA 10UD.		3	2,15	3,55	10,00
LIM001	CONCENTRADO MULTIUSOS HOG/		2	0,36	0,99	39,00
LIM002	LIMPIACRISTALES CON PULVERIZ/		2	1,25	2,60	58,00
LIM003	FREGASUELOS PINO 1,5 L.		2	0,48	1,15	60,00
PPR001	PIZZA 4 QUESOS		3	1,48	2,56	3,00
PPR002	ARROZ 3 DELICIAS		3	0,94	1,15	
PPR003	LASAÑA BOLOÑESA 400GR.		3	2,94	4,54	74,00
PYM001	ATÚN EN RODAJAS 400GR.		3	3,10	4,43	72,00
PYM002	LOMO DE BACALAO 300GR.		3	3,24	4,09	1,00
PYM003	LANGOSTINOS COCIDOS 800GR.		3	5,54	6,55	
REF001	REFRESCO COLA LIGHT		8	0,75	1,64	75,00
REF002	REFRESCO DE LIMÓN SIN GAS		8	0,59	1,09	46,00
REF003	REFRESCO DE MANZANA SIN GAS		8	0,54	1,12	65,00
SNA001	STICKS SALADOS 250 G.		1	0,80	1,50	45,00
SNA002	TRIANGULOS DE MAIZ		1	0,43	1,20	56,00
SNA003	APERITIVO SIN GLUTEN 120 G.		1	0,91	1,98	2,00
VER001	ESPÁRRAGOS VERDES		10	0,48	1,15	47,00
VER002	LECHUGA ICEBERG		10	0,30	0,80	25,00
VER003	CHAMPINION LIMPIO		10	1,42	2,50	15,00
ZUM001	NECTAR NARANJA SIN AZUCAR 1L		8	0,32	0,70	48,00
ZUM002	ZUMO DE MELOCOTON, MANZANA		8	0,46	0,90	65,00
ZUM003	ZUMO DE MANDARINA PACK 6		8	1,15	2,50	47,00
			Total:	73,30	113,84	2.312,00

Continúa en página siguiente >>

<< Viene de página anterior

Solución

- DIE: Dietética
- PYM: Pescados y mariscos
- REF: Refrescos
- CEL: Celulosa
- LIM: Limpieza

Estos códigos dependen de la organización de cada empresa. Por ejemplo, PYM, en este caso, deducimos que son pescados y mariscos porque los productos son atún, bacalao y langostinos. Puede ser que en otra empresa signifiquen panes y mantequillas.

Por ejemplo, deducimos que CEL significa celulosas, porque los productos son papel de cocina, servilletas y pañuelos de bolsillo. Sin embargo, si otra empresa tiene alimentación para celíacos, este código podría ser válido para ese grupo de productos.

Dependerá de cómo agrupen las familias de productos.

También dependerá del tipo de actividad, pues la parte alfabética de un código puede significar distintos productos dependiendo de si se trabaja en el sector alimentario, farmacéutico, automovilístico, telefónico, etc.

---

8. La compra sin pedido

☞ HILO CONDUCTOR

Calzados Pisasuelos S. L. vende calzado por internet a través de su página web. Hasta ahora, el empleado que se encargaba de la venta *online* recibía la orden de pedido a través de la web, la imprimía y una vez que realizaba el envío, la archivaba en una carpeta. Sin embargo, como ahora van a adquirir un programa informático de gestión o SGA, el gerente de Calzados Pisasuelos S. L. desea saber si la orden de pedido que reciben desde la web se puede pasar de manera automática al programa de gestión o SGA para ahorrar tiempo en la gestión.

Actualmente, muchas empresas disponen de sus propias páginas web en las que exponen sus productos y las empresas clientes pueden acceder a ella mediante unas claves de acceso previo registro y solicitar los productos que deseen. Cuando realizamos esta misma tarea a nivel de usuario, esta tarea se formaliza en un campo denominado **Cesta de la compra** en la que introducimos los artículos deseados.

Esta **cesta de la compra** la web de la empresa vendedora la transforma en una **orden de pedido u hoja de pedido** que puede volcar directamente desde su web a su programa SGA y, entonces, tramitar el pedido.

El símbolo de la cesta de la compra lo encontramos en numerosas páginas web. En esta cesta se van cargando los productos que seleccionamos para comprarlos posteriormente. El proveedor lo recibirá como una hoja u orden de pedido.

En otras ocasiones, envían a sus empresas clientes un formulario o modelo donde deben realizar los pedidos y, una vez que lo reciben, lo vuelcan automáticamente en su programa SGA.

Sin embargo, puede haber casos en los que las empresas clientes solicitan los productos mediante sus propios modelos de cada cliente, o los envían por correo electrónico, o los realizan directamente por teléfono.

En estos casos, se toma nota del pedido y se informatiza, es decir, **se deben introducir los datos en el SGA para originar la hoja u orden de pedido** y, a partir de ahí, tramitarlo.

La tendencia de la compra sin pedido queda cada vez más obsoleta, pues da lugar a muchos errores en todos los aspectos (referencias, colores, tamaños, cantidades, etc.) que luego implican devoluciones y mayores costes que el hecho de invertir tiempo en entrar en la página web del proveedor y realizar el pedido sobre los productos que ofrecen ellos mismos.

 **RECUERDA**

Sea como sea la demanda del pedido, se debe introducir en el programa informático para originar una orden u hoja de pedido y, a partir de ahí, iniciar el proceso de venta.

9. La corrección de la estacionalidad

☞ **HILO CONDUCTOR**

Calzados Pisasuelos S. L., como empresa zapatera, vende botas en invierno y sandalias en verano. Al disponer de calzado de fiesta, clásico y de *sport,* de adulto e infantil, masculino y femenino, parece que tiene la venta garantizada durante todo el año. Sin embargo, un empleado le ha comentado al gerente que ya que venden *online*, podrían abrirse a otros mercados internacionales del hemisferio sur, donde las estaciones climáticas son al contrario que en España, para así vender el calzado sobrante fuera de la temporada española. El gerente de Calzados Pisasuelos S. L. está barajando esa posibilidad. Decide investigar si, además, existen otras posibilidades para vender el calzado fuera de temporada.

Existen empresas cuya venta de productos depende de la estacionalidad o temporada, es decir, existe un consumo o aumento de venta de sus productos en unos momentos concretos del año. Esta estacionalidad puede estar originada por dos tipos de **causas:**

Clima	Actividad
- En este caso, el consumo de los productos viene condicionado por el clima; helados en verano, mantas en invierno, etc.	- En este caso, el consumo de los productos viene asociado al inicio o aumento de la actividad de mercado. Por ejemplo, material de papelería al inicio del curso escolar, juguetes en las fechas navideñas, etc.

IMPORTANTE

Para mantener la actividad de la empresa durante todo el año hay que realizar acciones comerciales con la finalidad de extender la venta de los productos a lo largo de todo el año.

Las **acciones comerciales o estrategias más comunes para desestacionalizar** los productos y extender las ventas a lo largo de todo el año son:

- **Potenciar la venta fuera de temporada:** consiste en hacer que el cliente se dé cuenta de que puede consumir ese producto fuera de temporada. Por ejemplo, en el caso de los helados, no es necesario esperar a un calor excesivo para consumirlos, se pueden tomar como cualquier otro postre lácteo o para celebrar un evento, como un cumpleaños, como capricho, etc.
- **Crear otros productos alternativos:** consiste en crear o vender otros productos que se vendan en la temporada contraria o temporada baja. Por ejemplo, una heladería que en verano vende helados y polos y en invierno se convierte en pastelería o churrería.
- **Captación de otros segmentos de mercado:** consiste en intentar abarcar otros segmentos de mercado o público. Por ejemplo, una tienda de bicicletas que, además de vender bicicletas de cara al verano o al buen tiempo, intenta captar el mercado de familias que regalan bicis a sus hijos por Navidad, en abril o mayo para aquellas familias que celebran el evento de la primera comunión o aquellas familias que regalan bicis como premio a los estudiantes que han aprobado todas las asignaturas al final del curso escolar en junio.
- **Orientación a segmentos emergentes y especialización del producto:** consiste en especializar el producto para ofrecerlo a mercados emergentes. Siguiendo con el ejemplo de los helados, ofrecer helados sin azúcar o sin gluten aumentaría el consumo de helados por parte de las personas diabéticas, celíacas o personas que por otros motivos no desean consumir azúcar ni gluten.
- **Diversificación del producto:** consiste en ampliar las variedades del producto, por ejemplo, la heladería que ofrece diferentes formatos de presentación (cucurucho, tarrina, copa), todos ellos en diferentes tamaños (pequeño, mediano, grande, súper y mega), de diferentes sabores, etc.
- **Compromiso con la accesibilidad universal:** consiste en que el producto pueda ser consumido o utilizado por todo tipo de personas. Por ejemplo, los sillones elevadores que, además de realizar la función de que cualquier persona se pueda sentar o levantar de él, cuentan con un

mecanismo elevador que facilita que personas con movilidad limitada o reducida puedan sentarse o levantarse más cómodamente.

⮞ **Compromiso con la sostenibilidad:** consiste en que la fabricación y uso del producto sea cuidar del medio ambiente, de la economía local y de la economía social. Por ejemplo, un comercio minorista que vende ropa de fibras naturales y ecológicas, que contrata como empleados a personas que viven en la localidad donde está ubicada la empresa o de poblaciones cercanas y, además, compra a proveedores locales o cercanos y una parte de sus beneficios los invierte en ayudas o causas sociales.

⮞ **Aprendizaje y formación para la profesionalización:** consiste en formar al personal para ser más competitivo a la hora de vender el producto. Por ejemplo, la formación en comunicación o técnicas de venta favorecerá que el personal sea más profesional a la hora de cerrar los procesos de venta.

⮞ **Coordinación en las acciones de promoción y comercialización:** consiste en coordinar las acciones comerciales y de promoción entre todos los departamentos de la empresa para que se transformen en verdaderas acciones de venta.

⮞ **Implantación de sistemas de calidad:** consiste en implantar un sistema de calidad para detectar los errores en los procesos y así proceder a su corrección antes de que el error llegue o sea detectado por el cliente o consumidor. Un producto sin errores es un producto deseado por los usuarios.

10. Gestiones

👉 HILO CONDUCTOR

El gerente de Calzados Pisasuelos S. L. está a punto de decidir qué programa de gestión va a adquirir. En realidad, todos le resuelven las necesidades de registrar la entrada y salida de productos del almacén, pero, ¿qué otras gestiones le ofrecen este tipo de programas? La empresa debe emitir y recibir documentación cuando realiza pedidos a los proveedores y cuando envía pedidos a los clientes. Decide indagar un poco más con respecto a esto.

Hoy día, la gestión de *stock* se debe llevar de manera informatizada.

Todos los programas o sistemas SGA ofrecen la posibilidad de llevar todas las gestiones de compra y las gestiones de venta de manera informatizada y automática.

NOTA

Otros sistemas de gestión son *Mecalux, Distrito K, Anfix, GostelGest* y otros muchos en el mercado.

Se pueden generar órdenes u hojas de pedidos que nos realizan los clientes para venderles producto y las que nosotros emitimos para comprar mercancías a los proveedores. Podemos generar los albaranes de entrega, podemos generar las facturas a clientes y registrar las facturas que recibimos de los proveedores.

RECUERDA

Con los SGA podemos generar informes diversos de los datos de los que dispone el sistema y que nos facilitan la toma de decisiones empresariales.

Además de *Factusol*, existen otros en el mercado que son de pago (ofreciendo también versiones demo) y ofrecen prestaciones más sofisticadas o específicas. Además, podemos encargar a nuestro proveedor informático la elaboración de alguna opción que sea necesaria y que ningún sistema ofrezca. Eso encarecerá el coste del *software* a corto plazo pero supondrá un ahorro de tiempo y dinero en aquellas tareas en las que dicho programa facilite el desempeño de la actividad.

 **EJEMPLO**

En el siguiente enlace puedes ver un ejemplo de proveedor de *software* que ofrece diferentes programas de gestión a distintos tipos de empresa: agencias de viajes, peluquerías, fruterías, ópticas, zapaterías, joyerías, etc. Estos programas facilitan las gestiones empresariales y comerciales a este tipo de negocios.

https://redirectoronline.com/coml016po0504

 PARA SABER MÁS

Muchos proveedores de *software* ofrecen programas que son compatibles entre sí y entre los que se pueden importar y exportar datos de unos a otros. En el siguiente enlace de *Software Delsol,* puedes ver que ofrecen los programas *Factusol* (facturación), *Contasol* (contabilidad), *Nominasol* (nóminas) y *TPVSol* (terminal TPV).

https://redirectoronline.com/coml016po0505

11. Inventario sin contar artículos

 HILO CONDUCTOR

Calzados Pisasuelos S. L. ha aprovechado todos los años el puente de diciembre para cerrar la empresa y poner a todos sus empleados a hacer inventario antes del cierre contable anual. Esta tarea siempre ha desagradado al gerente porque, por una parte, le suponía ciertas pérdidas por el cierre, pero es algo que se ve obligado a hacer para controlar el material que tiene en *stock*. ¿Le facilitará el nuevo SGA esta ardua tarea? Decide analizar este punto.

Antiguamente, cuando se llevaba un registro manual no informatizado de las compras y ventas, el inventario también se realizaba de manera manual. Lo que se hacía entonces era contar físicamente los productos y compararlos con el resultado de la diferencia entre las compras y las ventas.

👁 EJEMPLO

Una empresa ha comprado 1.000 bicicletas a lo largo del año contable o año comercial y ha vendido 850 bicicletas, por lo tanto, a la hora de hacer inventario en el almacén, deberían quedar 150 bicicletas.

📎 DEFINICIÓN

Hacer inventario
Listar, ordenar y contar las mercancías que deben estar físicamente en el almacén.

Si al realizar el inventario **el producto físico que hay en el almacén es diferente al de nuestros registros,** puede significar que:

[221]

Se han cometido errores a la hora de registrar el producto de entrada o salida
- Es decir, se ha enviado o recibido la mercancía correcta pero no se ha introducido dicha cantidad correctamente en el ordenador.

Se han cometido errores a la hora de enviar o recibir el producto
- Es decir, hemos introducido en el ordenador las cantidades correctas según la documentación de pedidos, albaranes y facturas pero hemos enviado o recibido una cantidad diferente. En estos casos, si recibimos mercancía de más, sería deshonesto por nuestra parte no comunicarlo al proveedor para la rectificación de la documentación, al igual que pasaría si nuestro cliente recibe cantidad de más y no nos lo comunica. En el caso contrario, no suele ser así, es decir, si detectamos que recibimos mercancía de menos no tardaríamos en comunicárselo al proveedor al igual que lo haría nuestro cliente si fuese el caso.

Ha sucedido alguna incidencia física
- Es decir, es posible que, aun sin cometer errores en el registro de datos ni en los envíos, o porque no se hayan producido ventas de un determinado artículo entre inventario e inventario, se detecta que no están las mercaderías que debieran estar en el almacén porque han desaparecido. De ser así, una vez comprobado que los registros son correctos y que no ha habido incidencia en los pedidos, habrá que dar de baja los artículos faltantes para actualizar el stock disponible.

Actualmente, gracias a la tecnología SGA y ERP, así como el conteo con las pistolas de lectura de códigos de barras, podemos realizar este inventario con mayor frecuencia. Cuanto mayor sea la frecuencia, más fácil será detectar los errores en caso de que estos existan. Es importante conocer en todo momento la disponibilidad de *stock* para su venta, pues lo contrario nos puede suponer costes e incluso pérdidas bastante significativas.

 SABÍAS QUE...

Hoy día, en algunos almacenes utilizan drones para hacer inventario y así facilitar esta tarea.

La realización frecuente de inventario no solo ayuda a conocer el *stock* disponible, sino otros datos, como cuáles son los productos con mayor rotación o flujo, controlar las entradas y salidas de producto, los niveles de *stock* de los artículos, etc.

12. Resumen

La actividad de almacenaje y gestión del *stock* es una actividad que actualmente requiere del uso de la tecnología.

Existen distintos modelos de gestión que se pueden digitalizar:

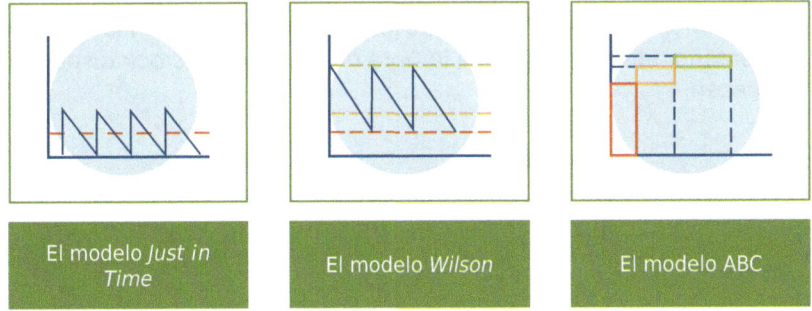

| El modelo *Just in Time* | El modelo *Wilson* | El modelo ABC |

Las bases o soluciones tecnológicas para gestionar el *stock* son:

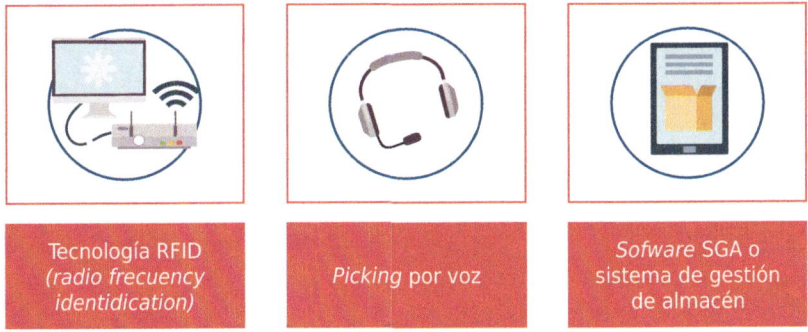

| Tecnología RFID (*radio frecuency identidication*) | *Picking* por voz | *Sofware* SGA o sistema de gestión de almacén |

El código de barras es un conjunto de diferentes sistemas universales que ofrecen información resumida de la empresa fabricante, del producto, del país de origen, etc. Este código de barras sirve para dar entrada y salida al producto en el almacén.

Los programas de gestión de *stock* ofrecen múltiples funciones para manejar los datos de los proveedores, de los clientes y de los productos. Además, facilitan la operatividad de los trabajadores en el almacén y emiten informes estadísticos y/o informativos que ayudan en la toma de decisiones. Por otra parte, asisten en otras gestiones, como la emisión o recepción de documentación relacionada con la actividad, como pueden ser facturas, albaranes, hojas u órdenes de pedido, previsión de pagos y cobros, etc.

Es importante, a la hora de vender los productos, intentar desestacionalizar la venta de los mismos utilizando diferentes estrategias o acciones comerciales y así evitar que el producto se nos quede en el almacén a riesgo de que quede obsoleto o de que sufra algún deterioro o desperfecto.

Por último, hay que recordar que los SGA nos ayudan en la realización del inventario, tarea primordial a la hora de controlar el *stock* disponible en el almacén.

Ejercicios de autoevaluación
Unidad de Aprendizaje 5

1. El modelo digital para la gestión de *stock* que divide los productos en tres categorías es:

    a. Modelo *Wilson.*
    b. Modelo ABC.
    c. Modelo *Just in Time.*
    d. Modelo 123.

2. El *picking* por voz es:

    a. Un programa de gestión de *stock.*
    b. Un sistema de gestión de almacén.
    c. Una planificación de recursos empresariales.
    d. Una solución tecnológica.

3. Los códigos de barras:

    a. Son códigos que permiten el registro de entrada y salida de productos en el almacén.
    b. Son códigos secretos para ser reconocidos por una inspección administrativa.
    c. Son códigos que solo puede descifrar el Ministerio de Comercio.
    d. Son códigos que solo sirven para superar los trámites aduaneros de exportación/importación.

4. Los programas de gestión de *stock* sirven para:

    a. Controlar el *stock* disponible.
    b. Emitir facturas.
    c. Emitir albaranes de entrega.
    d. Todas las opciones son correctas.

5. Indica si la siguiente afirmación es verdadera o falsa: "Un programa de gestión de *stock* no puede emitir un informe sobre los clientes".

- ■ Verdadero
- ■ Falso

6. Indica si la siguiente afirmación es verdadera o falsa: "La compra sin pedido se debe formalizar y transformar en una orden u hoja de pedido".

- ■ Verdadero
- ■ Falso

7. Indica si la siguiente afirmación es verdadera o falsa: "La estacionalidad de un producto no se puede corregir, ya que solo depende del clima de su temporada".

- ■ Verdadero
- ■ Falso

8. Indica si la siguiente afirmación es verdadera o falsa: "Los programas de gestión pueden realizar otras gestiones además de las exclusivamente propias del almacén, por ejemplo, de administración".

- ■ Verdadero
- ■ Falso

9. Relaciona los siguientes conceptos:

- a. El clima.
- b. El inventario.
- c. La fecha de caducidad.
- d. La etiqueta.

- ___ ... es un factor de la estacionalidad.
- ___ ... es un dato que debe aparecer en la etiqueta.
- ___ ... debe ser legible, destacable e indeleble.
- ___ ... es un listado del *stock* físico.

10. Relaciona las siguientes siglas:

    a. SGA
    b. EAN
    c. RFID
    d. UPC

    __ Sistema de gestión de almacén.
    __ Numeración de artículo europea.
    __ Identificación por radiofrecuencia.
    __ Código de producto universal.

Glosario

Beneficio bruto
Es la diferencia que hay entre el precio de venta y el coste. Es el beneficio antes de impuestos.

Cliente prescriptor
Es aquel cliente que tiene cierta influencia social, principalmente por ejercer algún tipo de liderazgo y puede vender o convencer acerca de nuestro producto a otras personas, de ahí su importancia a la hora de la venta.

Cliente
La persona física (individuo) o jurídica (empresa) que adquiere un producto o servicio. En general, cuando el cliente es una empresa, se habla de clientes y si son individuos, se habla de clientes, consumidores y/o usuarios.

Consumidor
La persona que compra y adquiere un producto o artículo. Es el cliente final y directo de la empresa. No siempre es el usuario. Puede darse la circunstancia de que adquiere el producto pero no lo consume ni utiliza.

Demanda empresarial
La demanda que realizan las empresas a otras empresas proveedoras.

Deontología profesional
Es sinónimo de ética profesional. Es el conjunto de principios, valores y normas éticas que regulan o guían una profesión. Algunos de estos valores pueden ser comunes a todas las profesiones por tratarse de valores generales en la vida. Otros pueden ser específicos de dicha profesión o actividad. Por ejemplo, no mentir o decir siempre la verdad es algo que todos deberíamos hacer en nuestra vida personal y profesional. Sin embargo, informar de manera objetiva e imparcial es uno de los principios profesionales del periodismo.

Desestacionalización

Es el conjunto de acciones enfocadas a prolongar la venta de productos a lo largo de todo el año, fuera de la temporada típica o básica de un producto.

Habilidades blandas

Son habilidades sociales asociadas con la personalidad y el individuo tales como prudencia, tolerancia, liderazgo, gestión de conflictos, resolución de problemas, empatía, compañerismo, etc.

Habilidades duras

Son habilidades técnicas necesarias para el desempeño de una actividad tales como dominio de idiomas, dominio del uso de programas informáticos, logros realizados, etc.

Hecho contable

Es cada una de las acciones u operaciones que originan un registro en la contabilidad de la empresa.

Influencer

Persona con la relevancia suficiente en sus redes sociales para poder influir en las decisiones de sus seguidores. Son muy importantes en el mundo comercial por influir en las decisiones de compra y consumo.

Marketing directo

Es el *marketing* que se ejerce directamente a los clientes de una empresa por poseer una base de datos de los mismos. Por ejemplo, un *e-mailing* masivo a las direcciones de correo electrónico de los clientes.

Marketing tradicional o indirecto

Es el *marketing* que se ejerce de manera indiscriminada a toda la demanda. Por ejemplo, un anuncio televisivo, radiofónico o de prensa escrita.

Merchandising

Es una técnica comercial que pretende corregir o mejorar las cualidades de un producto una vez que este ya está lanzado al mercado. En la mayoría de las ocasiones, son artículos publicitarios acerca del producto o marca, por eso, la gran mayoría de los consumidores lo asocian a la publicidad.

Obsolescencia programada

La obsolescencia programada es la técnica que planifica o programa la vida útil de un producto de manera limitada, para que este tenga fin al cabo de un tiempo o de un uso limitado. Hay gente que piensa que esta técnica se hace para que las empresas vendan y los gobiernos recauden impuestos al consumidor. Otras personas creen que esto se hace con el objetivo principal de avanzar en la economía y la sociedad, pues de lo contrario, seguiríamos viviendo como en el s. XIX, por ejemplo.

Patrón estacional
Que sigue un mismo esquema en cada estación.

Proveedor
Es la empresa que facilita o proporciona el recurso para la producción o actividad principal de otra empresa-cliente.

Trazabilidad
Es el proceso por el cual se puede detectar el recorrido que va siguiendo un producto desde que entra en el almacén hasta que sale del mismo. Algunas empresas también permiten hacer el seguimiento del pedido durante el envío hasta que es entregado al destinatario.

Usuario
Es la persona que disfruta de un servicio y/o consume y utiliza un bien, producto o artículo. En el caso de los bienes tangibles, se puede dar el caso de que el usuario no coincida con la figura del consumidor o cliente.

Bibliografía

→ *5 estrategias para vender más en tu empresa,* de: <https://www.holded.com/es/blog/5-estrategias-vender-mas-empresa>.

En este enlace puedes leer sobre 5 estrategias, de entre muchas que existen, para vender más en tu empresa y así incrementar los beneficios.

→ *5 principales necesidades logísticas para un nuevo e-commerce,* de: <https://pro.packlink.es/becommerce/5-principales-necesidades-logisticas-para-un-nuevo-ecommerce/>.

Artículo en el que aparece un listado con las necesidades más habituales en la actividad de logística relacionadas con el comercio electrónico.

→ *6 técnicas de venta cruzada que harán que tus clientes gasten más en tu e-commerce,* de: < https://www.doofinder.com/es/blog/venta-cruzada >.

Artículo que explica la definición de venta cruzada y explica técnicas de la misma para incrementar los beneficios en el comercio electrónico.

→ *Clasificación productos.* Tipos de mercancía, de: <https://estanteriasrecord.com/blog/clasificacion-gestion-unidades-de-carga-paletizadas>.

Enlace en el que una empresa ofrece sus productos para almacenaje para diferentes tipos de mercancía.

→ *Cómo diseñar y desarrollar un almacén logístico,* de: <https://www.juroga.com/blog/como-disenar-y-desarrollar-un-almacen-logistico/>.

Este artículo trata sobre los puntos clave a tener en cuenta a la hora de diseñar y desarrollar un almacén.

→ *Cuadro de cuentas del Plan General de Contabilidad,* de: <https://www.plangeneralcontable.com/?tit=cuadro-de-cuentas&name=Abanfin&fid=pgc0005 >

En este enlace se pueden encontrar recursos y herramientas para comprender y gestionar la contabilidad en la empresa.

→ *Diseño de almacenes*, de: <https://www.mecalux.es/manual-almacen/diseno-de-almacenes>.

> Artículo donde se habla del diseño de almacenes y sus distintas zonas dentro del mismo.

→ *El layout del almacén*, de: <https://www.mecalux.es/manual-almacen/diseno-de-almacenes/layout-almacen>.

> En este artículo se habla acerca del *layout* u organización del almacén y sus diferentes zonas.

→ *Gestión de inventarios: 2 indicadores para mejorar la gestión de almacén,* de: <https://www.generixgroup.com/es/blog/indicadores-gestion-inventarios>.

> Artículo que plantea dos soluciones para mejorar la gestión del almacén a través de la gestión y el control de inventarios.

→ *Gestión de stocks.* Disponible en: <https://www.mheducation.es>.

> Este documento habla sobre el *stock,* sus tipos, sus comportamientos, los factores que intervienen en su gestión, los costes, los sistemas de gestión, la rotación y el período medio de maduración, el inventario y el modelo ABC.

→ *Gestión de stocks: tipos, costes y ejemplos prácticos,* de: <https://fp.uoc.fje.edu/blog/gestio-de-stocks-tipus-de-stock-i/>.

> Artículo que trata sobre los tipos de *stocks* y los tipos de costes de almacén.

→ *La importancia del layout en el almacén*, de: <https://www.stocklogistic.com/almacenaje-y-distribucion/la-importancia-del-layout-en-el-almacen/>.

> Este artículo trata sobre la importancia que tiene el almacén en las empresas de logística y de la importancia del *layout* u organización en el almacén y las áreas que lo componen.

→ *Las 9 incidencias más frecuentes en el comercio electrónico*, de: <https://www.lynkoo.com/incidencias-frecuentes-comercio-electronico/>.

> En este *link* se puede leer sobre las incidencias más frecuentes que suelen suceder en las operaciones de compraventa en el comercio electrónico.

→ *Los 10 principales problemas para conseguir proveedores que trabajen en Drop Shipping,* de: <https://ecommerce-news.es/los-10-principales-problemas-para-conseguir-proveedores-que-trabajen-en-drop-shipping/>.

> En este artículo se puede encontrar un listado y análisis de los principales problemas más habituales para conseguir proveedores que no tengan inconveniente con trabajar en *drop shipping.*

→ *Los 5 sectores económicos de la economía*, de: <https://actividadeseconomicas.org/los-5-sectores-economicos-de-la-economia/>.

Artículo donde se exponen los sectores generales de la economía.

→ *Medidas de tiempo. ¿Qué unidades utilizamos para medir el tiempo?*, de: <https://www.deustoformacion.com/blog/gestion-empresas/modelos-gestion-stocks-seleccionar-mas-adecuado>.

Artículo que expone las medidas de tiempo más utilizadas habitualmente.

→ *Modelos de gestión de stocks: ¿cómo seleccionar el más adecuado?*, de: <https://www.deustoformacion.com/blog/gestion-empresas/modelos-gestion-stocks-seleccionar-mas-adecuado>.

El artículo lista los factores que se deben tener en cuenta a la hora de seleccionar el modelo de gestión más apropiado en la empresa.

→ *Reaprovisionamiento del punto de venta y atención al cliente en retail*, de: <https://www.slimstock.com/es/blog/reaprovisionamiento/>.

Artículo sobre el reaprovisionamiento en el propio punto de venta y la atención al cliente en el comercio minorista.

→ *Rotación de existencias: ¿qué es y cómo afecta al almacén?*, de: <https://www.mecalux.es/blog/rotacion-de-inventarios>.

El artículo explica el concepto de rotación de existencias y cómo la misma repercute en la actividad del almacén.

→ *¿Sabes qué es la venta de stocks y para qué sirve?*, de: <https://www.deustoformacion.com/blog/gestion-empresas/sabes-que-es-venta-stocks-para-que-sirve>.

Artículo que trata sobre la venta de *stocks* y sus tipos.

→ *Soluciones tecnológicas para la gestión de inventarios*, de: <https://www.clase10.com/soluciones-tecnologicas-para-la-gestion-de-inventarios/>.

El artículo propone unas soluciones de tipo tecnológico para gestionar los inventarios.

→ *Unidad de tiempo*, de: <https://www.ecured.cu/Unidad_de_tiempo>.

Artículo que trata sobre las distintas unidades que miden el tiempo.